Integrative Sprachtherapie
Tendenzen und Veränderungen
in der Sprachheilpädagogik

Integrative Sprachtherapie

Tendenzen und Veränderungen in der Sprachheilpädagogik

Festschrift für Prof. Otto Braun
zum 60. Geburtstag

herausgegeben von

Thomas Gieseke

VWB – Verlag für Wissenschaft und Bildung

Titelgraphik:
Altes Hauptgebäude der Humboldt-Universität Berlin

Die Deutsche Bibliothek – CIP-Einheitsaufnahme

Integrative Sprachtherapie : Tendenzen und Veränderungen in der Sprachheilpädagogik ; Festschrift für Prof. Otto Braun zum 60. Geburtstag / hrsg. von Thomas Gieseke. - Berlin : VWB, Verl. für Wiss. und Bildung, 1995
ISBN 3-86135-020-3
NE: Gieseke, Thomas [Hrsg.]; Braun, Otto: Festschrift

Verlag und Vertrieb:
VWB – Verlag für Wissenschaft und Bildung, Amand Aglaster
Postfach 11 03 68 • 10833 Berlin
Markgrafenstr. 67 • 10969 Berlin
Tel. 030/251 04 15 • Fax 030/251 04 12

Druck:
GAM-Media GmbH, Berlin

Copyright:
© VWB – Verlag für Wissenschaft und Bildung, 1995

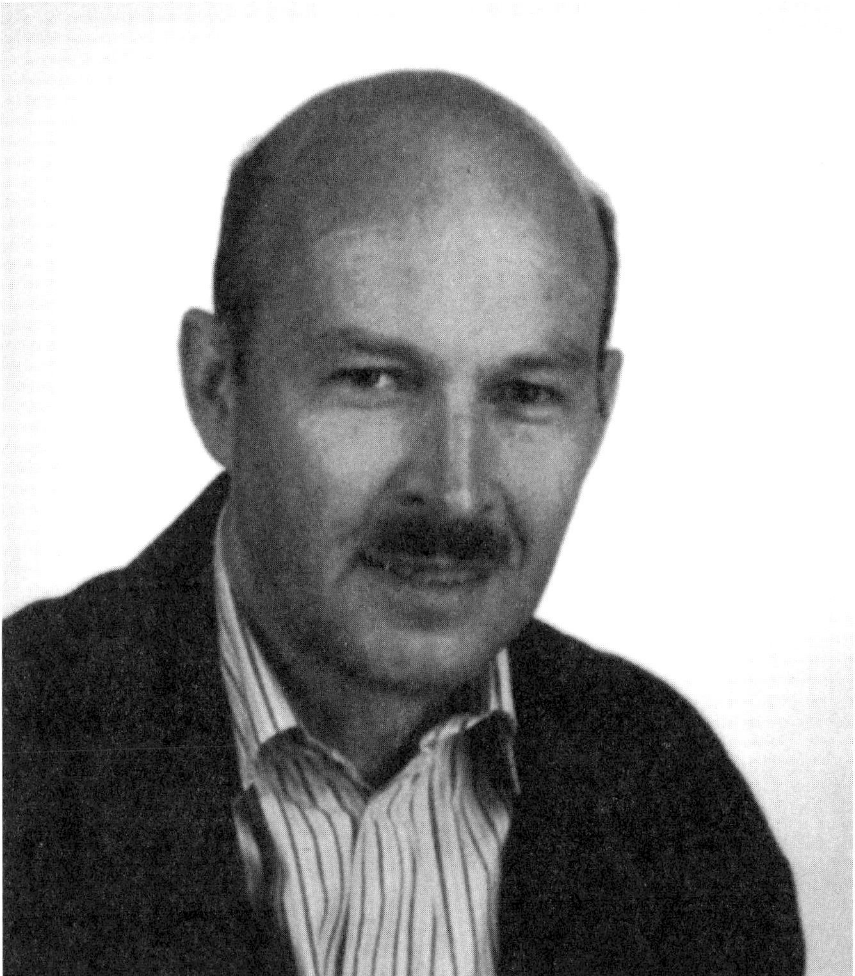

Inhalt

Vorwort	1
Kurt Bielfeld Deutsche Gesellschaft für Sprachheilpädagogik e. V. - dgs	5
Inge Frühwirt *Friederike Meixner* Österreichische Gesellschaft für Sprachheilpädagogik - ÖGS	7
Jutta Breckow Versuch der Überwindung von Trennungen	9
Thomas Gieseke Die Sonderpädagogische Förderklasse für Sprachbehinderte - eine neue Organisationsform in der Berliner Schule	23
Bernhard Klingmüller Integration und integrative Methoden in der Sprachheilpädagogik unter der Perspektive der Interaktionsstruktur - einige allgemeine Bemerkungen	49
Tatjana Kolberg Integration der Ausbildung Sprachbehindertenpädagogik Ost - West	59
Roswitha Romonath *Elisabeth Prüser* Zur integrativen sprachtherapeutischen Förderung kommunikationsgestörter Kinder und Jugendlicher im Schulsystem der USA	65
Udo Schoor Über den (fehlenden) Zusammenhang von Ätiologie- und Therapietheorie in der Behandlung des Stotterns	93
Lothar Werner Aspekte zur Integration von Therapie und Unterricht in der Schule für Sprachbehinderte sowie in schulorganisatorisch integrativ organisierten Einrichtungen	109
Edmund Westrich Zur Bedeutung der Sprachtherapie	123
Zum beruflichen und wissenschaftlichen Werdegang von Otto Braun	151
Bibliographie	155

Vorwort

Mit dieser Festschrift zur aktuellen therapeutischen Situation Sprachbehinderter soll Professor Otto Braun anläßlich seines 60. Geburtstages geehrt und sein wissenschaftliches Wirken gewürdigt werden.

Der Wissenschaftler

Otto Braun hat in den vergangenen Jahrzehnten die Theorie und Praxis der Sprachheilpädagogik maßgeblich beeinflußt und verändert. Es fällt schwer, seine fachwissenschaftlichen Grundauffassungen prägnant zu beschreiben. Er paßt in keine Schublade. Seine wissenschaftlichen Grundlagen spiegeln die Geschichte der Sprachheilpädagogik wider: Er kommt aus der Praxis. Er begann als Lehrer an einer Volksschule, wurde Lehrer an einer Gehörlosenschule und studierte dann Gehörlosen-, Schwerhörigen- und Sprachheilpädagogik. Er hat die medizinischen Grundlagen seiner Fachwissenschaften immer betont und auch in Zeiten sozialwissenschaftlicher Schwerpunktsetzung verteidigt, was ihn jedoch nicht davon abhielt, andere Disziplinen auf ihre Bedeutung für die Sprachheilpädagogik hin zu befragen.

Als Psychologe macht er die empirischen Methoden einer auf Objektivität ausgerichteten Wissenschaft zum kritischen Maßstab pädagogischer resp. sprachheilpädagogischer Arbeit und Wertung. Er erkannte früh die Bedeutung der Linguistik für die Sprachheilpädagogik und nutzte vor allem die Psycholinguistik für neue therapeutische und unterrichtliche Konzepte.

Otto Braun ist ein kritischer Konstruktivist. Er verunsichert immer wieder mit seinen scharfen Analysen sprachtherapeutischer Praxis und Theoriebildung, setzt aber gleichzeitig neue Impulse, um unsere Fachdisziplin voranzubringen.

Otto Braun ist ein außergewöhnlich belesener Wissenschaftler. Er bezeichnet sich selbst als „sehr neugierig" und blickt deshalb weit über den sprachheilpädagogischen Tellerrand hinaus. Wenn irgend möglich, sucht er Information und Diskurs auf erziehungswissenschaftlichen, psychologischen und sonderpädagogischen Kongressen und Arbeitstagungen. Sein Interesse gilt aber auch der alltäglichen Praxis sprachheilpädagogischer Arbeit. Die veränderten Lebensbedingungen sprachbehinderter Kinder und Jugendlicher hat er nie aus den Augen verloren und sie immer in seine theoretischen Annahmen und Überlegungen mit einbezogen.

Otto Braun als Wissenschaftler ist ein Universalist alter Schule und trotzdem ein kompetenter Spezialist, dem es gelungen ist, Theorie und Praxis in ein dialektisches Verhältnis zu setzen. Seine Idee des sprachtherapeutischen Unterrichts ist eine Konsequenz daraus. Ein ausgezeichneter Fachmann ist Otto Braun auf dem weiten Feld des Stotterns. Die Fachöffentlichkeit wartet auf ein grundlegendes Werk aus seiner Feder.

Der Lehrer

Otto Braun hat mehrere Generationen von Sprachheilpädagogen ausgebildet und in ihrem beruflichen Werdegang beeinflußt und begleitet. Er tat dies vor allem in Reutlingen, in West-Berlin und nach dem Fall der Mauer in zwei Geburtsstätten der Sprachheilpädagogik, in Halle an der Saale und an der Humboldt-Universität im vereinten Berlin.

Seine Studenten haben ihn als einen Lehrer kennengelernt, der sie ohne die Attitüden eines abgehobenen oder autoritären Professors zu hohen Leistungen anspornt. Im Gegenteil: Seine verbindliche Art und sein schwäbisch freundlicher Tonfall machen seine interessanten und oft spannenden Vorlesungen und Seminare zu einem angenehmen Erlebnis.

Seine Vortragstechnik darf als sokratisch bezeichnet werden. Otto Braun ist für viele Studenten eine Hebamme gewesen, wenn es darum ging, Erkenntnisse zu gewinnen. Er doziert selten, er *läßt* verstehen und lernen. Er engt seine Studenten nie ein. Alles ist möglich und richtig, wenn es sachlich und begründet vorgetragen wird. Er besteht auf Kritikfähigkeit und warnt vor dem ideologischen Zeitgeschmack.

Die hohe Akzeptanz, die Otto Braun bei seinen Studenten genießt, verdankt er nicht nur seiner Kompetenz und seiner Souveränität in Forschung und Lehre, sondern auch seinem großen Engagement, wenn es darum geht, Studenten und Studentinnen fachlich zu beraten und sie in ihrem Ausbildungsgang zu unterstützen.

Der Titel „Integrative Sprachtherapie" ist mehrdeutig und bewußt so gewählt worden. Jutta Breckow nennt am Anfang ihres Beitrages verschiedene Deutungsmöglichkeiten:

„Das Wort "integrativ" kann viele unterschiedliche Vorstellungen wecken:
- Integrativ können Institutionen sein, die die gemeinsame Erziehung von Behinderten und Nichtbehinderten ermöglichen.
- Es können Maßnahmen sein, die die Eingliederung Behinderter in die Gesellschaft vorantreiben.
- Es kann sich um eine Methodenkombination handeln, z. B. im Sinne stottertherapeutischer Methoden, die zu einer idiographischen Stottertherapie kombiniert werden.
- Es können sprachtherapeutische Interventionen innerhalb des Unterrichts sein.
- Es kann die Einheit von Leib, Geist und Seele des Menschen gemeint sein." (S. 9 in diesem Buch).

Die Beiträge dieser Festschrift spiegeln die Vielfalt und Unterschiedlichkeit des Integrationsbegriffs in der Sprachheilpädagogik wider.

Einige Autorinnen und Autoren dieser Festschrift haben Otto Braun für ihren wissenschaftlichen und beruflichen Werdegang viel zu verdanken. Alle stehen in einem persönlichen oder freundschaftlichen Verhältnis zu ihm. Sie wünschen ihm ein langes, gesundes und schaffensreiches Leben.

Der Herausgeber

Deutsche Gesellschaft für Sprachheilpädagogik e. V. - dgs

Lieber Otto Braun,

gerne nehme ich die Gelegenheit wahr, als Bundesvorsitzender der Deutschen Gesellschaft für Sprachheilpädagogik in dieser Festschrift das Wort an Dich zu richten. Wir kennen uns nun bald 20 Jahre und sind uns auf den verschiedensten Ebenen der Sprachheilpädagogik seitdem begegnet. Zunächst lernte ich Dich bei Deiner ersten Gastvorlesung anläßlich Deiner Bewerbung um den Lehrstuhl für Sprachbehindertenpädagogik an der Freien Universität Berlin kennen. Nachdem Du dieses Amt 1980 angetreten hattest, suchtest Du bald den Kontakt und die Zusammenarbeit mit den Berliner Sprachheilschulen. Als Schriftführer und späterer Vorsitzender der dgs-Landesgruppe Berlin begrüßte ich den engen Kontakt, den Du in der gesamten Zeit zur Landesgruppe gehalten hast, und Deine Bereitschaft, bei unseren Fortbildungsveranstaltungen aktiv tätig zu sein.

Auf der Bundesebene der dgs warst Du viele Jahre als Mitglied des Wissenschaftlichen Beirates tätig. In Zusammenarbeit mit den Professoren G. Homburg und J. Teumer entstand 1980 der Beitrag „Grundlagen pädagogischen Handelns bei Sprachbehinderten", der für die Sprachheilpädagogen eine wissenschaftliche Reflexion der praktischen Tätigkeit darstellte und für Studierende eine grundlegende Bedeutung gewann. Neben der Beiratstätigkeit warst Du auf vielen Kongressen unseres Verbandes mit interessanten und aktuellen Beiträgen tätig; das gilt auch für Deine Artikel in unserer Fachzeitschrift „Die Sprachheilarbeit".

Für die geleistete Arbeit, für Deine stete Bereitschaft zur Mitarbeit und vor allem für Deine humorvolle, menschlich angenehme Art der Zusammenarbeit möchte ich Dir, lieber Otto Braun, im Namen der dgs, aber auch ganz persönlich herzlichen Dank sagen. Für die weiteren Lebens- und Berufsjahre wünsche ich Dir Zufriedenheit, Erfolg und vor allem Gesundheit.

Kurt Bielfeld
Bundesvorsitzender der dgs

Österreichische Gesellschaft für Sprachheilpädagogik - ÖGS

Wir wünschen dem bedeutenden Sprachheilpädagogen Prof. Otto Braun und vor allem dem liebenswerten Menschen alles erdenklich Gute!

Inge Frühwirth und Friederike Meixner
im Namen des Vorstandes der ÖGS

***

Wir möchten Prof. Braun mit Auszügen aus einer Gesprächsrunde zum Thema Stottern (unveröffentlichtes Manuskript) anläßlich einer Fortbildungsveranstaltung der ÖGS vom 11. bis 14. Mai 1994 in St. Georgen am Längsee ehren.

Prof. Braun:

„Wir versuchen, einen Ansatz zu finden, um den individuellen persönlichen Problemen des stotternden Kindes auf die Spur zu kommen.

Wenn wir Stottern nachmachen, um uns klar zu werden, was Stottern auf der Erscheinungsebene sein kann, ist das natürlich alles andere, nur nicht Stottern. Für mich ist das Wesentliche am Stottern, daß es nicht zu steuern ist. In der Situation stottert ‚Es'. Das Stottern bekommt eine Distanz zur Ich-Steuerung und gleicht einem Zwangsmechanismus. Darin sehe ich das Fatale.

Die Symptomatik des Stotterns ist sehr variabel und variantenreich. Wir kommen mit der Symptombeschreibung Klonus, Tonus u. ä. nicht weiter und sollten damit kritisch umgehen. Ich möchte an das, was Westrich immer versucht zu verdeutlichen, anknüpfen: Das stotternde Sprechen ist mehr als nur eine Symptomproduktion. Es ist Ausdruck der Persönlichkeit, der Problematik und der Beeinträchtigung der Sprachlichkeit des Menschen, der dahinter steckt.

Unsere Aufgabe als Therapeut wäre es, die Eltern dazu zu bringen, daß sie sich ihren Kindern stärker zuwenden.

Es ist klar, daß wir in der Sprachheilschule die Kinder haben, die vollkommen auf unsere Hilfe angewiesen sind. Das sind aber gerade die Kinder, bei denen wirklich die Eltern das Problem sind.

Die erste Schwierigkeit liegt darin zu erkennen, welche Probleme diese Kinder haben, nicht nur sprachliche Probleme, sondern auch solche, die mit und durch das Stottern entstehen. Dabei ist es nicht leicht zu erkennen, welche Probleme die anderen haben. Problemanalyse ist sehr kompliziert und anspruchsvoll. Die nächste Schwierigkeit - ich sage bewußt nicht das Methodenproblem - liegt in der Zielstellung. Womit fange ich an, was steuere ich an? Das kann ich letztlich nur im Gespräch mit dem Betroffenen selber machen."

***

Prof. Friederike Meixner, Wien

Jutta Breckow
Versuch der Überwindung von Trennungen

1. Begriffsklärung

Das Wort "integrativ" kann viele unterschiedliche Vorstellungen wecken:
- Integrativ können Institutionen sein, die die gemeinsame Erziehung von Behinderten und Nichtbehinderten ermöglichen.
- Es können Maßnahmen sein, die die Eingliederung Behinderter in die Gesellschaft vorantreiben.
- Es kann sich um eine Methodenkombination handeln, z. B. im Sinne stottertherapeutischer Methoden, die zu einer idiographischen Stottertherapie kombiniert werden.
- Es können sprachtherapeutische Interventionen innerhalb des Unterrichts sein.
- Es kann die Einheit von Leib, Geist und Seele des Menschen gemeint sein.

Angesichts so vieler Möglichkeiten der Bedeutungszuweisung muß als erstes geklärt werden, worum es in diesem Beitrag gehen soll. Die Überschrift besagt, daß es ganz allgemein darum geht, Trennungen zu überwinden. Dabei soll es um die Verbindung von Diagnose und Therapie einerseits und theoriegeleitete Erkenntnisgewinnung andererseits gehen.

Innerhalb dieses Rahmens wird das Wort "integrativ" auch noch in einem anderen Bedeutungszusammenhang erscheinen, der einige der oben aufgeführten Möglichkeiten in sich birgt (um nicht zu sagen: integriert): Die "Integrative Sprach- und Bewegungsarbeit mit alten Menschen" ist ein therapeutischer Ansatz, der "integrativ" sowohl im Sinne der Einheit von Leib, Geist und Seele als auch im Sinne von Methodenkombination (Verbindung von sprachtherapeutischer, kommunikativer, motogeragogischer, erlebnis- und gestaltungsorientierter Arbeit) meint. Sie wird in Kap. 3 näher beschrieben. Genaugenommen handelt es sich zusätzlich um Integration im Sinne institutioneller Eingliederung sprachgestörter Menschen in Gruppen Nichtsprachgestörter (z.B. Gymnastikgruppen in Altenheimen).

In den folgenden Ausführungen wird eine Frau, die an einer solchen Arbeit teilgenommen hat, vorgestellt. Ihr Beispiel soll zeigen, wie Trennungen von Diagnose, Therapie und theoriegeleiteter Erkenntnisgewinnung überwunden werden können. Die prozeßorientierte Analyse und die Konstruktion von Entwicklungsmustern sollen an diesem Beispiel zusammengeführt werden und Veränderungen deutlich machen (Kap. 4). Die dahinter erkennbaren Strukturen werden zum Schluß (Kap. 5) in allgemeinerer Form aufgedeckt.

2. Vorstellung einer alten Frau mit Aphasie

Frau J. ist 75 Jahre alt und erlitt vor 4 Jahren einen Schlaganfall. Seither leidet sie unter einer motorisch-amnestischen Aphasie, d. h. sie hat Mühe, Sprachlaute zu bilden und Wörter abzurufen. Ihr Sprachverständnis ist gut. In der Kommunikation kann sie sich mit semantischen Umwegleistungen und pantomimischen Darstellungen gut helfen, um sich verständlich zu machen. Sie will z.B. "Whisky" sagen, das Wort bringt sie aber nur als "Win" heraus. Es schließt sich folgende Erklärungs- und Verständnissicherungssequenz mit einer Kommunikationspartnerin (K.) an:

Frau J.: Zum Trinken.
K.: Wein?
Frau J.: Nein! Die Scho... trinken das.
K.: Ich weiß nicht, wen Sie meinen.
Frau J.: Da, wo die solche Röcke anhaben (zeigt pantomimisch "kariert").
K.: Ach, die Schotten!
Frau J.: Ja, die trinken das.
K.: Whisky?
Frau J.: Ja!

Frau J. lebt allein und versorgt selbständig ihren Haushalt. Charakteristisch für sie ist ihre kämpferische Haltung. So erkämpft sie sich bei ihrer Ärztin eine logopädische Behandlung, obwohl diese angesichts des hohen Alters von Frau J. und des großen Zeitraums seit dem erlittenen Schlaganfall nicht sehr davon überzeugt ist, daß eine Sprachtherapie viel Sinn hat. Die erstrittene logopädische Behandlung bricht Frau J. jedoch bald zornig ab, weil die Bilder, die ihr dabei vorgelegt werden, unter ihrem Niveau sind. ("Ich bin doch kein kleines Kind.") Seitdem arbeitet sie allein an sich: Sie übt das Lesen und Schreiben, sie spielt Klavier. Mit ihrem Sprechen ist sie allerdings sehr unzufrieden, weil sie es an ihrem früheren Sprachstatus mißt. Sie war Übersetzerin, was Indiz dafür ist, daß ein hohes Sprachniveau für sie von zentraler Bedeutung war (und ist). Deshalb ergreift sie erneut die Initiative und wendet sich an das benachbarte Altenheim, in dem "Integrative Sprach- und Bewegungsarbeit" angeboten wird.

3. Beschreibung des sprachtherapeutischen Vorgehens

Frau J. wird als externe Teilnehmerin in eine Gruppe kommunikationsbehinderter Menschen aufgenommen. Diese Gruppe besteht aus vier bis fünf alten Menschen mit Aphasie, einer Angehörigen und einer Mitarbeiterin aus dem sozialen Dienst des Altenheims sowie Studentinnen der Sprachbehindertenpädagogik. Ein Jahr lang nimmt Frau J. an der "Integrativen Sprach- und Bewegungsarbeit mit alten Menschen" (ISBA) teil. In Anlehnung an integrative Gestaltarbeit (BUBOLZ 1979) werden in der ISBA mehrere Intentionen verfolgt. Es sollen

- Kommunikationsbehinderungen (sowohl Sprachstörungen als auch Beziehungsbarrieren auf beiden Seiten der Kommunikationspartner) behoben oder gemindert,
- verbliebene Ausdruckspotentiale stabilisiert und erhalten und
- noch nicht genutzte Kommunikationsmöglichkeiten gesucht, auf- und ausgebaut werden.

In der ISBA werden folgende Akzente gesetzt:

Bewegungsarbeit

Bewegung ist nicht nur Motorik, sondern wir bewegen uns - im integrativen Sinne der Gestalttherapie - sowohl leiblich als auch geistig und seelisch (PETZOLD 1994, WESTPHAL 1991). Die Einschätzung der eigenen Möglichkeiten und Grenzen in allen diesen Bereichen ist die Basis für ein realistisches Selbstkonzept und macht die Auseinandersetzung mit den sich verändernden Anforderungen des Lebens erst möglich.

Über Körpererfahrung und Bewegungserlebnisse können Selbsterfahrung und Selbstwertgefühle aufgebaut bzw. stabilisiert, Wahrnehmungen intensiviert und Ausdrucksmöglichkeiten entdeckt werden.

Beispiele für die Integration sprachtherapeutischer Maßnahmen in die Bewegungsarbeit:
- Atmung aktivieren als Grundlage für eine gesunde Stimme z.B. nach SCHLAFFHORST-ANDERSON (SAATWEBER 1991),
- Fühlqualitäten wahrnehmen zur Unterstützung von Wortfindungsprozessen,
- die an den Sprechbewegungen beteiligte Muskulatur stimulieren (bei Dysarthrie) z. B. durch Orofaziale Regulationstherapie nach CASTILLO-MORALES (1991).

Gruppenarbeit
Eine generationenübergreifende Gruppe ist in dem Sinne integrativ, als sprachgestörte alte Menschen und Nichtsprachgestörte miteinander umgehen. Von einem systemischen Menschenbild her gesehen, können jedoch auch Nichtsprachgestörte als kommunikationsbehindert gelten, wenn sie aufgrund von Sprachstörungen ihres Kommunikationspartners diesen nicht verstehen oder nicht verstanden werden. Die Kommunikationspartner der alten Menschen sollen deshalb in der ISBA mit in den Blick rücken.

Der Umgang miteinander erfordert Sozialkompetenz, d. h. die klare Unterscheidung muß getroffen werden können zwischen den selbstgewollten Veränderungen und dem, was andere erwarten, bestimmen und tun. Vorteile der Gruppenarbeit liegen u. a. darin, daß
- die von alten Menschen häufig beklagte soziale Isolation durch die Gelegenheit, neue Kontakte zu knüpfen, aufgebrochen werden kann,
- Kontakte zu anderen alten Menschen Gelegenheit geben, Erfahrungen mit dem Älterwerden auszutauschen,
- diese Kontakte auch für den Austausch von Erfahrungen mit behinderter Kommunikation genutzt werden können.

Beispiele für die Integration sprachtherapeutischer Maßnahmen:
- Singen im Chor zur Stärkung der Stimmgebung,
- Versprachlichen von Fühlqualitäten,
- Deblockierungsmaßnahmen zur Wortfindung nach WEIGL (1979),
- Kommentieren im Sinne kommunikativer Aphasietherapie nach PULVERMÜLLER (1990).

Erinnerungsarbeit
Alte Menschen haben in ihrem langen Leben nicht nur ein Wissen darüber aufgebaut, welche Umgangsformen sich bewährt haben und welche nicht, sondern sie haben auch diesbezüglich ein ganz persönliches Profil entwickelt. Wenn Sprachstörungen auftreten, muß dieses Profil umgebildet werden, d. h. verbliebene Ausdruckspotentiale müssen bewußt kultiviert und weitere Kommunikationsmöglichkeiten ausgebildet werden. Dazu sind Erinnerungsleistungen nötig. Integrative Arbeit bedeutet hier, daß Vergangenheit, Gegenwart und Zukunft in der ISBA wirksam sind und als Thema aufgegriffen werden können. Hierbei bieten z. B. Märchen eine Chance, Beziehungen zum eigenen Leben herzustellen und Wertungen vorzunehmen. Konstruktive Bearbeitung und Bewertung der Lebenserfahrungen, des eigenen Lebensstils, der Konfliktbewältigungsmuster helfen, Korrekturen zu bewerkstelligen und Alternativen zu finden.

Solche Einordnungen und Auswertungen lassen die Frage nach dem Sinn des Lebens zu und tragen zur Reflexion über die Zukunftsperspektive bei. Die eigene Sicht von Welt und die Erfordernisse der Umwelt werden dabei in Beziehung gebracht.
Beispiele für die Integration sprachtherapeutischer Maßnahmen:
- eigene Interessen formulieren und mit fremden Anliegen verbinden,
- gemeinsam planen,
- Weg beschreiben im Sinne kommunikativer Aphasietherapie (PULVERMÜLLER 1990),
- alternative Kommunikationsformen suchen.

Kommunikative Gestaltungsarbeit

Kreatives Gestalten in Gruppen bedeutet die Notwendigkeit zu kommunikativer Kooperation. Es soll etwas Gemeinsames geschaffen werden, in das jedes Gruppenmitglied eigene Ideen, Entscheidungen, Handlungen integrieren kann. Sowohl Gemeinsamkeit als auch Autonomie der einzelnen Personen werden dabei gewährleistet.

Mit Phantasie wird aktiv an einem Vorhaben gearbeitet, wobei die Erfahrung vermittelt wird, daß trotz der Veränderungen, die das Alter und die Sprachstörungen mit sich bringen, die Fähigkeit erhalten bleiben kann, sich einer Sache und/oder Gruppe anzuschließen. Außerdem soll die Bereitschaft unterstützt werden, die Verantwortung der Führung auf sich zu nehmen.
Beispiele für die Integration sprachtherapeutischer Maßnahmen:
- Rollenspiele durchführen und bewerten,
- gemeinsame Vorhaben durchführen und sich miteinander abstimmen (verbal und/oder nonverbal),
- gemeinsame Vorhaben weiterführen und neue Ideen einbringen,
- alternative Kommunikationsformen ausprobieren, bewerten und ggf. verändern (BRECKOW 1995).

4. Analyse und Konstruktion von Entwicklungsmustern

4.1. Analyse der Ausgangssituation als These

Frau J. hat Mühe bei der Verwirklichung des Sprechvorgangs. Sie spricht sehr langsam und unflüssig. Wenn sie ein Wort nicht herausbringt, versucht sie es immer wieder mit immer geringerem Erfolg. Wörter werden häufig durch Lautumstellungen und Wortabbrüche entstellt (z.B. Schro... statt Frosch). Sie kann still für sich lesen, beim Vorlesen erscheinen die gleichen

Schwierigkeiten wie beim spontanen Sprechen. Auch Telefonnummern kann Frau J. nicht zuverlässig ablesen, obwohl sie richtig wählt.

Hinzu kommt die Schwierigkeit, daß sie einige Wörter vorübergehend nicht abrufen kann. Das bedrückt sie sehr. Sie glaubt, daß die Menschen in ihrer Umgebung denken, sie sei dumm, weil sie sich verbal nicht gut ausdrücken kann. Sie reagiert ganz empfindlich und wehrt sich dagegen in aggressiver Weise.

Diese Situation kann im Märchen "Prinzessin auf der Erbse" (ANDERSEN) wiedererkannt werden: Frau J. ist aufgrund ihrer aphasischen Schwierigkeiten für ihre Umwelt nicht auf den ersten Blick als die geistig rege und intellektuell anspruchsvolle ehemalige Übersetzerin erkennbar, so wie die Prinzessin für den Köng nicht als solche erkennbar ist, als sie im Regen vor der Tür des Schlosses steht. In Kommunikationssituationen wird Frau J. auf die Probe gestellt, so wie die Prinzessin von der Königin geprüft wird. Tief unter den Matratzen vergraben findet Frau J. die Sprache nicht. Dagegen wehrt Frau J. sich, so wie die Prinzessin sich am nächsten Morgen über etwas Hartes im Bett beschwert.

Dieses Muster ist auch bei anderen Teilnehmerinnen der ISBA-Gruppe erkennbar. Das Märchen wird gemeinsam szenisch dargestellt und erzählt (BRECKOW 1995). Nach einer Serie von Märchennachgestaltungen wird den Teilnehmerinnen die Möglichkeit vorgestellt, daß die Märchen mit dem eigenen Leben in Verbindung gebracht werden können. Nach spontaner Zurückweisung (durch Lachen) gewinnt dieser Gedanke jedoch langsam Gestalt. Einige Parallelen zu dem im Laufe eines Jahres vollzogenen Entwicklungsprozeß innerhalb der ISBA können akzeptiert werden. Damit ist den Teilnehmerinnen das Prinzip der Analyse und der Sichtbarmachung von Entwicklungsstrukturen verständlich geworden. Als sich abzeichnet, daß Frau J. sich gut in die Gruppe integriert hat und aktiv die gemeinsamen Vorhaben mitgestaltet, wird in einem zusätzlichen Einzelgespräch versucht, ihren individuellen Entwicklungsprozeß gemeinsam mit ihr nachzuzeichnen und ein Muster darin zu erkennen.

4.2. Entwicklungsgestalt als Antithese

Frau J. lehnt den Vergleich mit der Prinzessin auf der Erbse mit der Bemerkung ab, sie sei eher eine böse Fee, die weiß, was sie will und die sich wehren kann. Sie stehe zwar im Regen wie die Prinzessin, aber sie suche nicht bei anderen Schutz. Sie macht statt dessen den Vorschlag, das Thema einer anderen Gruppenstunde für den Vergleich heranzuziehen: Der verschwundene Briefumschlag. Mir war dieses Thema aufgrund des Balletts "The envelope" eingefallen. In der

Gruppenstunde ist daraus eine kommunikative Bewegungsgeschichte geworden. Im Einzelgespräch mit Frau J. wird nun ein Bild für ihre Lebensgeschichte daraus.

Das Muster in Kürze:
Der frühere Beruf ist für Frau J. sehr wichtig. Er gibt ihr das Selbstbewußtsein, die Achtung der Gesellschaft einzufordern. In dem Briefumschlag befindet sich die Urkunde, die belegt, daß Frau J. für die Heimat vereidigt ist. Sein Verschwinden hängt
- sowohl mit dem verlorenen Krieg
- wie mit dem Ausscheiden aus dem Beruf
- als auch mit der verlorenen Sprache zusammen.

Es läßt ihr keine Ruhe: Sie muß ihn wiederfinden. Sie geht
- auf die Suche nach Gerechtigkeit,
- auf die Suche nach der Geheimbotschaft (die sie übersetzen soll),
- auf die Suche nach den fehlenden Wörtern.

4.3. Verbindung von These und Antithese

Während des Einzelgesprächs kommt dann die Wende:
Auf der Suche nach Gerechtigkeit hat Frau J. gelernt, sich zu wehren. Die Suche nach der Geheimbotschaft wird plötzlich von Frau J. doch mit der Prinzessin auf der Erbse in Verbindung gebracht: Sie steht im Regen, wartet, klopft und findet den König. Sie bringt ihm ein geheimes Dokument. Das Geheimnis ist, daß sie die Prinzessin ist, eine müde Frau, die sich (ins Bett) fallen lassen möchte.

Auch in der ISBA hat Frau J. inzwischen die Rolle der kämpferischen Alten aufgegeben zugunsten eines von Vertrauen geprägten Verhältnisses zu den anderen Teilnehmerinnen. Sie ist nach kurzem Zögern bereit, sich auf eine durch untergelegte Bällchen beweglich gemachte dicke Matte zu legen und sich von allen anderen Teilnehmerinnen wiegen zu lassen. Danach berichtet sie, was in ihr vorgegangen ist.

K.: Sie wollten erst nicht so recht auf die Matte.
Frau J.: Ja, da hab' ich gedacht. "Ach, sei doch nicht so, so m, m." Es sind doch bang, daß man ein bißchen Hengelus hat, wissen Sie, wenn man doch, doch daß Sie sich so (Geste: beide Arme über der Brust gekreuzt) da zumachen - Hemmungen!
K.: Ach so!
Frau J.: Das ist von selber gekommen. (Sie meint das Wort.)

K.: Man braucht hier keine Hemmungen zu haben.
Frau J.: Das ist aber leider so, nicht? Nicht, früher da hat man, da darf ich ja auch nicht immer dran denken, da hat man alles gemacht und jetzt geht man nicht mehr. Aber es geht doch wieder besser, oder nicht?
K.: Genau, das haben wir ja eben schon festgestellt, nicht?
Frau J.: Ja.
K.: Und als Sie hier eben gelegen haben, da haben Sie gedacht, das hat sich gelohnt, daß Sie sich hingelegt haben.
Frau J.: Ja, da waren die Hemmungen weg (lacht).
Frau J. kann sich fallenlassen. Die anfangs noch spürbare "Erbse" (Hemmungen und verlorene Fähigkeiten) drückt nicht mehr.

Sie hat inzwischen bei Wortfindungsstörungen gelernt, ihre Kommunikationspartner (und sich) darauf hinzuweisen, daß sie ein wenig Geduld haben müssen und das Wort später sicher da sei. Hierin zeigt sich, daß Frau J. solche Situationen besser akzeptieren kann, entspannter damit umgeht und dadurch das Gefühl der Hilflosigkeit dem Gefühl der wachsenden Kontrolle über Kommunikationssituationen weicht. Sie kann nun auch Wörter, die für sie nicht aussprechbar sind, buchstabieren, sie kann kurze Texte und Telefonnummern zuverlässig vorlesen.

4.4. Mögliche Interpretationen

Im Laufe der letzten 30 Jahre haben sich die Ansichten über Altern und Erklärungen für Alternsvorgänge mehrfach gewandelt (OLBRICH 1991). Von einigen der entstandenen Erklärungsmodelle her gesehen, könnte die oben dargestellte Entwicklung folgende Kennzeichnung erhalten: Zunächst entspricht die alte Dame dem **Aktivitätsmodell**, nach dem alte Menschen dann zufrieden sind, wenn sie aktiv ihr Leben gestalten können. Diesem Modell zufolge erscheint Altern als beeinflußbarer Prozeß.

Die in Kap. 4.3 beschriebenen Reflexionen der alten Dame führen sie dazu, daß sie sich gönnen möchte, sich aus der Verpflichtung, sich streitbar durchkämpfen zu müssen, zurückzuziehen. Das würde die These des Rückzugs unterstützen, die der **Disengagement-Theorie** zugrunde liegt.

Später wachsen die Möglichkeiten, Kommunikationssituationen besser zu meistern. Die Kompetenz, die persönliche Ressourcen mit situativen Anforderungen in Beziehung bringt, rückt damit in den Vordergrund. Hier ist das **Kompetenzmodell** angedeutet (DOMMASCHK-RUMP 1990, KEUCHEL 1983, OLBRICH 1991).

Darüber hinaus kann durch eine **personzentrierte** psychologische Sichtweise folgende Differenzierung vorgenommen werden: Verlust, Suche und Angst, etwas nicht wiederfinden zu können, führt zunächst zu einer Abwehrhaltung. Sie dient als Schutz gegen die mögliche Geringschätzung durch andere. Wenn sich zeigt, daß das Gegenüber den Lebensstil, die Meinungen und Ideen der alten Dame achtet und darauf eingeht, kann sie die Abwehrhaltung aufgeben. Sie braucht sich nicht mehr nur als wehrhaft darzustellen, sondern kann zugeben, daß sie auch fürsorgebedürftig ist und sich fallen lassen möchte.

Ökologisch gedacht, sollte ein Interpretationsmuster nicht nur die Entwicklung der Frau J. zeigen, sondern die Entwicklung der Beziehungen der Kommunikationspartner. Die in Kap. 4.1 bis 4.3 aufgezeigte These, Antithese und Synthese zeigen die Beziehung zwischen Frau J. und mir als der Forschenden: Zunächst hat jede ihre eigenen Vorstellungen, welches Bild sich für die Charakterisierung des durchlebten Prozesses eignet. Ich lasse mich auf den Vorschlag von Frau J. ein und gehe mit ihr ein Stück weit in ihre gedankliche Richtung. Dann setzt sie beide Bilder in Beziehung und macht eine neue Geschichte daraus, die ihr selbst in ihrem aktuellen Lebensgefühl ganz nah kommt.

Diese kurzen Andeutungen unterschiedlicher Interpretationsmöglichkeiten lassen erkennen, daß eine übergeordnete Ebene notwendig ist, um theoriegeleitete Erkenntnisgewinnung zu ermöglichen. Im folgenden soll deshalb von einer abstrakteren Ebene aus betrachtet werden, was in der vorgestellten Arbeit mit der alten Dame angestrebt worden ist: der Versuch, Trennungen zu überwinden.

5. Strukur des dargestellten integrativen Vorgehens

Um Trennungen zu überwinden, bedarf es der Beweglichkeit. Sie macht Austausch zwischen den verschiedenen Bereichen möglich. Die Bereiche, um die es hier gehen soll, sind Praxis, Theorie, Diagnose und Therapie.

Im allgemeinen werden Termini definiert, um eine Trennschärfe der Begriffe zu erreichen. Die klare Trennung hat den Vorteil, daß Aussagen präziser werden. Sie hat den Nachteil, daß ein großer Teil möglicher Bedeutungszusammenhänge verlorengeht.

Wie die Bereiche Praxis, Theorie, Diagnose und Therapie strukturell näher zusammenrücken können, soll durch drei Schritte verdeutlicht werden, die ähnlich den Fraktalen in der Chaosforschung "selbstähnliche", im großen wie im kleinen sich wiederholende Formen zeigen. Hier ist jedoch kein Bild (z.B. Apfelmännchen, Seepferdchen siehe HAAF 1990, 124 -132) zu sehen, sondern es werden Formulierungen benutzt, die nach dem Prinzip der Selbstähnlichkeit gesucht worden sind. Dabei sind Anregungen von WESTPHAL 1994 aufgegriffen worden.

Trennung durch Definition:

Praxis	in sprachbehinderten-pädagogischen Handlungsfeldern	durch sprachbehinderten-pädagogische Forschung	Theorie
Diagnose	der durch Sprachstörungen belasteten Kommunikation	mit kommunikations-behinderten Menschen	Therapie

1. Schritt: Aufsuchen des Dazwischen

Praktiker erweitern ihre Alltagserfahrung im beruflichem Handlungsfeld. Auf der anderen Seite geschieht Theorienbildung durch streng systematische, nachprüfbare Forschung. Wenn Praktiker versuchen, durch Theorie weitere Erkenntnisse zu gewinnen, und Theoretiker versuchen, in der Praxis nach Wahrheit zu suchen, nähern sich Theorie und Praxis an. Dabei müssen zwei verschiedene Erfahrungsmodi in Austausch gebracht werden: die erlebnisorientierte, subjektbezogene, wertende, möglicherweise irrationale Erfahrung und die faktenorientierte, objektivierende, kontrollierte, rationale Erfahrung.

Selektionsdiagnose hat nur insoweit mit Therapie zu tun, als durch sie Entscheidungen gefällt werden können, ob eine Therapie notwendig ist oder nicht. In weiten Handlungsfeldern sprachtherapeutischer Praxis jedoch werden Diagnose und Therapie gleichzeitig, sich gegenseitig weiterführend, prozeßorientiert durchgeführt, was sich auch in den Termini Förderdiagnose und Prozeßanalyse niederschlägt. Während Sprachbehindertenpädagogen mit kommunikationsbehinderten Menschen therapeutisch arbeiten, lernen sie sie immer genauer kennen, erhalten eine immer größere Stichprobe des sprachlichen Verhaltens, nehmen immer differenzierter und gleichzeitig umfassender die Menschen wahr, analysieren ihre Stärken und (kommunikativen) Schwierigkeiten in unterschiedlichen Bezügen. So kommen sie der aktuellen

Entwicklung der ihnen anvertrauten Menschen immer näher und können sie bei der Gestaltung ihrer weiteren Entwicklung unterstützten.

Praxis	Wahrheit suchen	Erkenntnis gewinnen	Theorie
Diagnose	Wahrgenommenes analysieren	Entwicklung gestalten	Therapie

2. Schritt: Übergänge beschreiten

Was das empirische Feld der sprachtherapeutischen Forschungspraxis angeht, sollte Beweglichkeit des Forschenden, der sich methodologisch und inhaltlich auf seinen Forschungspartner einzustellen hat, ein ernst zu nehmendes Prinzip sein. Das in Kap. 4 dargestellte Beispiel zeigt, wie der dialogische Austausch in der Forschung zum Prinzip und zur Methode erhoben wird. Dabei wird nicht nach der Entwicklung von Personen gefragt, sondern nach Beziehungen und deren Veränderungen in einem Prozeß. Im Dialog finden wir einen Weg, der die Sinngebung des kommunikationsbehinderten Menschen akzeptiert, um von da aus zu neuen Gestaltungsmöglichkeiten des Kommunikationsprozesses zu gelangen. So gehen Forschung und Therapie eine Verbindung ein: Theorienbildung geschieht durch Mit-Bewegung mit dem fortschreitenden Therapieprozeß.

Die geforderte Beweglichkeit wird erkennbar in Perspektivwechsel, Richtungswechsel und Drehung.

Perspektivwechsel:

In dem oben ausgeführten Beispiel ist zunächst aufgrund der therapiebegleitenden Prozeßanalyse ein Konzept über das Muster der Bewältigungsformen der Kommunikationsschwierigkeiten von Frau J. aufgestellt worden. Ein Perspektivwechsel wird durch das Gegenkonzept der Frau J. eingebracht. Ein anderer Perspektivwechsel ist der von der Diagnose des Praktikers zur Analyse des Forschers und umgekehrt.

Richtungswechsel:

Im dargestellten Gespräch mit Frau J. wird der Richtungswechsel als Wende gekennzeichnet. Ihr Gegenkonzept gerät in Bewegung. Frau J. kommt auf mein anfänglich angebotenes Bild "Prinzessin auf der Erbse" zurück und versucht eine Zusammenführung mit ihrer Geschichte.

Drehung:
In der Weiterführung dieser Bewegung wächst eine neue Gestalt, die deutlich auf die aktuell sich abzeichnende Entwicklungslinie in der Therapie hinweist. Die Tendenz, sich vertrauensvoll auf anderes einzulassen, wird als neue Qualität sichtbar.

3. Schritt: Integration praktizieren

Nach dem Prinzip der Fraktale wird nun der im 1. Schritt gestrichelte Kasten weiter auf die im noch kleineren ähnlich wiederkehrenden Strukturen hin aufgeschlüsselt (was zwischen dem Dazwischen liegt).

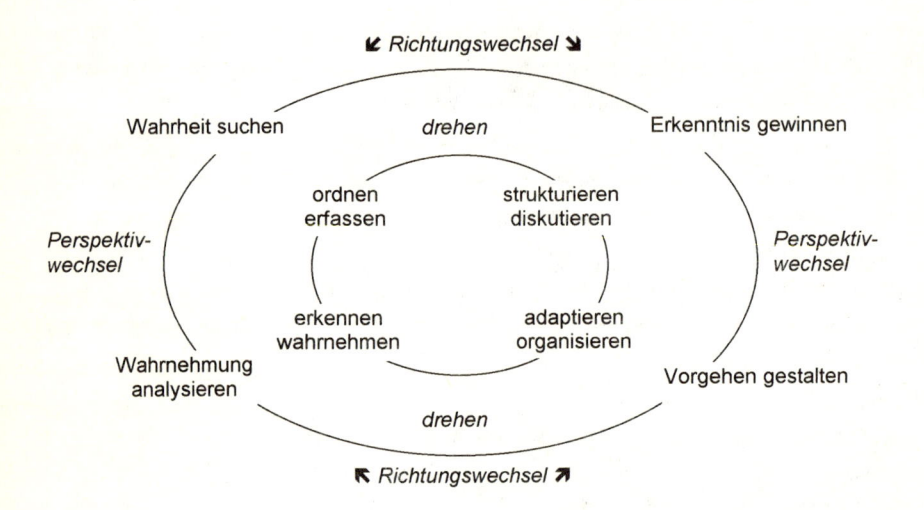

↙ *Richtungswechsel* ↘

Wahrheit suchen   *drehen*   Erkenntnis gewinnen

ordnen / erfassen   strukturieren / diskutieren

Perspektiv-wechsel   *Perspektiv-wechsel*

erkennen / wahrnehmen   adaptieren / organisieren

Wahrnehmung analysieren   *drehen*   Vorgehen gestalten

↖ *Richtungswechsel* ↗

In der Vorstellung der Frau J. werden die von mir *wahrgenommenen* sprachlichen Auffälligkeiten beschrieben, so daß die Diagnose motorisch-amnestische Aphasie *erkennbar* wird. Eine kurze Charakterisierung ihrer allgemeinen Lebenssituation läßt die Problematik *erkennen*, in der Frau J. sich zu Beginn der Integrativen Sprach- und Bewegungsarbeit befindet.

Ein Perspektivwechsel vollzieht sich in der Analyse der Ausgangssituation in Kap. 4.1. Aus der Diagnose zum Zweck angemessenen sprachtherapeutischen Verhaltens wird nun die Analyse mit dem Ziel, ein Muster zu finden, das Erkenntnisse über den Umgang alter Menschen mit kommunikativen Hindernissen ermöglicht. Dazu werden die Sprachstörungen und ihre Auswirkungen auf Kommunikation *erfaßt* und beispielsweise einem Märchen *zugeordnet*.

In der Entwicklungsgestalt als Antithese gewinnt ein anderes Muster Struktur. Durch die Diskussion darüber wird im Richtungswechsel die Bewegung des Hin und Her vollzogen. Es entsteht so eine Verbindung von These und Antithese. Dabei sind nicht nur weitere Erkenntnisse über den Umgang der Frau J. mit ihrer Sprachstörung gewonnen worden, sondern auch Erkenntnisse über den aktuellen Stand des therapeutischen Prozesses und seines Erfolges.

Letzteres leitet wieder einen Perspektivwechsel ein. Die gewonnenen Erkenntnisse werden adaptiert, indem sie die Planung des weiteren Vorgehens beeinflussen. Die Organisation der Therapiegestaltung wird auf diese Weise gezielt auf die neu gewonnenen Erkenntnisse abgestimmt. Durch die weitere Drehung werden immer wieder neue Strukturen erkannt, die auch im Zusammenhang mit anderen Teilnehmern wirksam sind. Die gefundenen Muster geben häufig Anhaltspunkte für die Bewältigung vieler unterschiedlicher Situationen und helfen durch das Hinterfragen der allgemeinen Gültigkeit, individuelle Standpunkte zu klären. Hierin wird der Versuch sichtbar, die Trennung zwischen subjektiven Erfahrungen und systematisch kontrollierten Erfahrungen zu überwinden.

Literatur:

BRECKOW, J.: Sprachtherapie mit alten Menschen. Hamburg 1995, in Vorbereitung
BUBOLZ, E.: Methoden kreativer Therapie in einer integrativen Psychotherapie mit alten Menschen. In: PETZOLD, H./BUBOLZ, E. (Hrsg.): Psychotherapie mit alten Menschen. Paderborn 1979, 397 - 423
CASTILLO-MORALES, R.: Orofaziale Regulationstherapie. München 1991
DOMMASCHK-RUMP, C.: Die Rehabilitation behinderter und alter Menschen. Freiburg i. B. 1990
HAAF, G.: Wo das Apfelmännchen herrscht. In: GEO-Wissen 1990, 2, 131 f
KAISER, H. J.: Handlungs- und Lebensorientierungen alter Menschen. Bern 1989
KAISER, H. J.: Grundsatz- und Methodenfragen in der Erforschung von Handlungs- und Lebensorientierungen alter Menschen. In: Zeitschrift für Heilpädagogik 43 (1992) 7, 433-444
KEUCHEL, I.: Theorien zum Alternsprozeß. In: Oswald, W./ Fleischmann, U. (Hrsg.): Gerontopsychologie. Stuttgart 1983, 23-48
MANDELBROT, B.: Die fraktale Geometrie der Natur. Basel 1987
MONTADA, L.: Themen, Traditionen, Trends. In: OERTER, R./ MONTADA, L. (Hrsg.): Entwicklungspsychologie. München 1987 (2), 3 - 86

OLBRICH, E.: Ansichten über Altern im historischen Wandel. In: OSWALD, W.D./ LEHR, U.M. (Hrsg.): Altern. Veränderung und Bewältigung. Bern 1991, 11-27

PETZOLD, H.: Integrative Geragogik - Gestaltmethoden in der Bildungsarbeit mit alten Menschen. In: PETZOLD, H./ BROWN, G. (Hrsg.): Gestaltpädagogik. München 1977, 214-246

PETZOLD, H. (Hrsg.): Mit alten Menschen arbeiten. München 1985 a

PETZOLD, H.: Psychodrama-Therapie. Theorie, Methoden, Anwendung in der Arbeit mit alten Menschen. Paderborn 1985 b

PETZOLD, H.: Leben ist Bewegung. In: motorik 17 (1994) 1, 2 - 9

PULVERMÜLLER, F.: Aphasische Kommunikation. Tübingen 1990

SAATWEBER, M.: Einführung in die Arbeitsweise Schlaffhorst-Andersen. Bad Nenndorf 1991

WEIGL, I.: Neuropsychologische und psycholinguistische Grundlagen eines Programms zur Rehabilitierung aphasischer Störungen. In: PEUSER, G. (Hrsg.): Studien zur Sprachtherapie. München 1979, 491-514

WESTPHAL, E.: Bewegen als Lebensweise. Oldenburg 1991

WESTPHAL, E.: Arbeitspapier "Tätigkeitsverfassung als Wirkungseinheit von Verstehen und Entwickeln. Oldenburg 1994

***

PD Dr. Jutta Breckow, Hochschuldozentin, Seminar für Sprachbehindertenpädagogik, Universität zu Köln

Thomas Gieseke
Die Sonderpädagogische Förderklasse für Sprachbehinderte[1] - eine neue Organisationsform in der Berliner Schule

1. Zur Konzeption der Sonderpädagogischen Förderklasse

Die Berliner Sonderpädagogik bewegte in den 80er Jahren vor allem zwei Themen:
- die Organisationsform der **Integration**, d. h. die gemeinsame Erziehung in der allgemeinen Schule, resp. die Nichtaussonderung behinderter Schüler aus der allgemeinen Schule und
- die Organisationsform der **Diagnose-Förderklasse**, in der sog. teilleistungsgestörte Kinder in einem therapieintegrierten Unterricht beschult werden sollen.

Regional hatte das Integrationskonzept zuerst mit dem Fläming-Modell[2], später mit dem Uckermark-Modell[3] seinen Ursprung in Berlin, das Konzept der Sonderpädagogischen Förderklasse seinen in Bayern[4]. **Intentional** streben beide Ansätze eine **Normalisierung** behinderter Schüler an. Während die Integration diese vornehmlich durch **Normalität und Akzeptanz**[5] zu erreichen sucht, soll sie in der Diagnose-Förderklasse - einem Paradigma der klassischen Sonderpädagogik entsprechend - durch in den Unterricht integrierte **rehabilitative** Maßnahmen möglich werden.

Ideologisch stehen sich damit zwei widerstreitende Ansätze gegenüber, was zu einer Belebung der sonder- und allgemeinpädagogischen Diskussion nicht nur in Berlin geführt hat. Sonderpädagogik liegt nicht mehr nur im Interessenfeld der speziellen Schule, sondern ist zu

---

[1] Die Bezeichnungen Sonderpädagogische Förderklasse und Diagnose-Förderklasse werden synonym gebraucht.

[2] vgl. Projektgruppe Integrationsversuch (Hrsg.): Das Fläming-Modell, Weinheim, Basel 1988

[3] vgl. u. a. Eberwein, H. (Hrsg.): Behinderte und Nichtbehinderte lernen gemeinsam - Handbuch der Integrationspädagogik, Weinheim, Basel 1988

[4] vgl. Rumpler, F. (Hrsg.): Zur Theorie und Praxis der sonderpädagogischen Förderklassen, Erlangen 1987

[5] vgl. Meier, R./Heyer, P.: Grundschule - Schule für alle Kinder. Voraussetzungen und Prozesse zur Entwicklung integrativer Arbeit, in: Eberwein (1988), S. 179 ff.

einem bedeutenden Gegenstand der allgemeinen Schule geworden. Während der Begriff der Integration in der so bezeichneten schulischen Organisationsform **prozessual** verstanden wird („Integration als Weg"), wird er in sonderpädagogischen Institutionen **intentional** gedeutet („Integration als Ziel").

Konzeptionell werden Schüler mit einem sonderpädagogischen Förderbedarf in einer Integrationsklasse im 2- oder Mehrpädagogensystem gemeinsam mit nichtbehinderten Kindern und mit reduzierter Schülerfrequenz (15 bzw. 20 Schüler) unterrichtet, wobei in der Regel ein Pädagoge sonderpädagogisch ausgebildet ist. In der Sonderpädagogischen Förderklasse werden ausschließlich Schüler mit sonderpädagogischem Förderbedarf mit einer ebenfalls reduzierten Frequenz (ca. 10 Schüler) in einem 2-Pädagogensystem unterrichtet, wobei nur ein Teil des Unterrichts (ca 50 %) tatsächlich doppelt besetzt ist. In beiden Organisationsformen haben die behinderten Schüler den Status von Grundschülern. Sie gelten nicht als Sonderschüler. Bei ihnen wird jedoch im Rahmen eines Förderausschußverfahrens ein sonderpädagogischer Förderbedarf mit einer dominierenden Behinderungsart festgestellt. Die Sonderpädagogische Förderklassen in Berlin sind Sonderschulen zugeordnet. Kennzeichnende Merkmale dieser Organisationsform sind:

- Der Unterricht erfolgt nach dem Rahmenplan der allgemeinen Schule (Rahmenplan der Berliner Grundschule)
- Der Unterrichtsstoff des 1. und 2. Schuljahres kann auf drei Jahre gedehnt werden, ohne daß den Schülern das zusätzliche Jahr auf die Schulzeit angerechnet wird.
- Die zusätzliche Zeit eines 3. Schuljahres soll für spezielle diagnostische Aufgaben und individuelle Therapie- und Förderziele (basale Förderung) genutzt werden.
- Ein Teil des Unterrichts wird von zwei Pädagogen gemeinsam unterrichtet, von denen der eine ein Sonderpädagoge ist.
- Spätestens am Ende des 3. Schuljahres muß in einem erneuten Förderausschußverfahren entschieden werden, ob die Schüler weiterhin einen sonderpädagogischen Förderbedarf haben oder nicht, und wo er gegebenfalls realisiert werden soll. Der diagnostische Prozeß - sieht man einmal von der eingangsdiagnostischen Entscheidung ab, das Kind in eine solche Klasse aufzunehmen - ist im Rahmen dieser Konzeption integraler Bestandteil des Unterrichts, also **Förderdiagnostik** im eigentlichen Sinne.

Sonderpädagogische Förderklassen gibt es in Berlin zur Zeit als abweichende Organisationsform bzw. als Schulversuch an Schulen für Körperbehinderte, Lernbehinderte und Sprachbehinderte.

2. Zur Entstehungsgeschichte der Sonderpädagogischen Förderklassen in Berlin

Das Konzept der bayerischen Diagnose-Förderklassen fand seinen Ursprung eigentlich in Sprachheilschulen zweier fränkischer Städte, nämlich in Nürnberg und Würzburg. Anlaß war der inzwischen häufig beschriebene Strukturwandel der Schüler der Schule für Sprachbehinderte.[6] Die unterrichtenden Sprachheilpädagogen beklagten und beklagen die zunehmende Komplexität der Sprachbehinderungen ihrer Schüler, die wachsenden Probleme im Lern- und Leistungsverhalten und im sozial-emotionalen Feld. Es ist sicher nicht zufällig, daß eine diagnostisch-therapeutisch ausgerichtete Fachrichtung wie die Sprachbehindertenpädagogik ihre primär medizinische resp. klinisch-psychologische Perspektive auch bei der Beschreibung und Erklärung außersprachlicher Probleme beibehält. Es wurden deshalb vor allem neuropsychologische Ansätze zur Erklärung und Behandlung von nichtsprachlichen Störungsbildern herangezogen.

So haben in Nürnberg ZAPKE, ZAPKE und BRÄUNING in der pädagogischen Praxis der Sprachheilschulen begonnen, einen sprachtherapeutischen Unterricht zu entwickeln, der neben Sprachdiagnostik und -therapie sensorische und motorische Auffälligkeiten erkennt, erklärt und im Unterricht berücksichtigt. Das engagierte Team hat leider sein therapeutisches Unterrichtskonzept bis heute nicht veröffentlicht, jedoch in sehr komplexen und intensiven 14tägigen Kursen (Einführungskurs plus Aufbaukurs) zuerst in Bayern, später auch in anderen Bundesländern, vor allem in Berlin und Hamburg, bekannt gemacht.

Durch eine Initiative von STOELLGER, der im Rahmen des vds (Fachverband für Behindertenpädagogik - Landesverband Berlin) und des Instituts für Sonder- und Heilpädagogik der Freien Universität Berlin mit Studenten und Lehrern Exkursionen nach Nürnberg und Würzburg organisierte und der dann im Rahmen des vds und der Lehrerfort- und Weiterbildung der Senatsverwaltung für Schule, Berufsbildung und Sport das Nürnberger Team nach Berlin geholt hat, finden seit 1989 regelmäßig jedes Jahr Fortbildungsveranstaltungen statt, so daß heute das „Nürnberger Konzept" - auch durch Multiplikatoren - in der Berliner Sonder- und Integrationspädagogik bekannt und geschätzt ist.

In Würzburg hat das Team BRAND, BREITENBACH und MAISEL an der Maria-Stern-Schule für Sprachbehinderte mit der Veröffentlichung des inzwischen in mehreren Auflagen

---

[6] vgl. Breitenbach, E.: Strukturwandel in der Schülerschaft an Sprachheilschulen - Tatsache oder Einbildung? in: Die Sprachheilarbeit 37 (1992), S. 111 - 118 und Gieseke,T./Harbrucker, F.: Wer besucht die Schule für Sprachbehinderte? in: Die Sprachheilarbeit 36 (1991), S. 170 - 180

erschienenen Buches „Integrationsstörungen" im Jahre 1985 die sonderpädagogische Fachdiskussion beeinflußt und verändert. Auch BREITENBACH, der als Schulpsychologe an der Maria-Stern-Schule das Konzept der Diagnose-Förderklasse fachlich begleitet hatte, wurde durch STOELLGER 1988 nach Berlin geholt, wo er ebenfalls bis heute regelmäßig Fortbildungsseminare abhält. 1988 wurde die sonderpädagogische Öffentlichkeit in Berlin mit dem Thema **„Basales Lernen"** durch eine Arbeitstagung des vds auf einige dem Unterrichtskonzept der Diagnose-Förderklasse zugrundeliegenden wissenschaftlichen Aspekte aufmerksam gemacht. BREITENBACH referierte zur „Therapie von Integrationsstörungen im Erstunterricht" und PFLÜGER zur „Funktion sensorischer Integrationsleistungen bei normalen und gestörten Lernprozessen".

Im selben Jahr wurde die erste Diagnose-Förderklasse im Rahmen eines Schulversuchs in der Toulouse-Lautrec-Schule für Körperbehinderte in Berlin-Reinickendorf gegen starke Widerstände von Bildungspolitikern, aber auf erklärten Wunsch der Eltern eingerichtet. 1989 wurde der Schulversuch auf die Schule für Lernbehinderte ausgeweitet. Eine erste Klasse kam in der Peter-Jordan-Schule in Berlin-Charlottenburg zustande. Die Eröffnung der Klasse widersprach dem erklärten Willen rot-grüner Bildungspolitik (Schulsenatorin VOLKHOLZ, AL), keine neue sonderpädagogische Organisationsformen zu schaffen. Beabsichtigt war vielmehr eine Reduzierung der Sonderschuleinrichtungen und eine Ausweitung integrativer Maßnahmen. Wieder war es der erklärte Wille der Eltern, der die Senatorin bewog, den Schulversuch zu genehmigen. Der Regierungswechsel 1990 in Berlin führte dann zu einer veränderten sonderpädagogischen Bildungspolitik in der Stadt.

Unter einem rot-schwarzen Senat (Schulsenator KLEMANN, CDU) wurde das Organisationssystem sonderpädagogischer Förderung weiter ausdifferenziert. Neben dem starken Ausbau integrativer Beschulung vor allem in der Form der Einzelintegration war es nun möglich, den Schulversuch „Diagnose-Förderklasse" unter der Bezeichnung „Sonderpädagogische Förderklasse" auszuweiten. Seit 1993 gibt es auch Sonderpädagogische Förderklassen an Schulen für Sprachbehinderte.

Die wissenschaftliche Begleitung des Schulversuchs haben STOELLGER (seit 1988) und BRAUN (seit 1994) (beide bis 1994 am Institut für Sonder- und Heilpädagogik der FU Berlin und nach dessen Auflösung am Institut für Rehabilitationswissenschaften der Humboldt-Universität zu Berlin) übernommen.

	Schulen für Sprachbehinderte		Schulen für Lernbehinderte		Schulen für Körperbehinderte	
	Ost	West	Ost	West	Ost	West
1. Schuljahr	3	3	4	4	3	5
2. Schuljahr	1	1	3	4	3	6
3. Schuljahr	1	0	2	1	2	7
1. + 2. + 3. Schuljahr	5	4	9	9	8	18
Ost + West	9		1 8		2 6	
alle	5 3					

Abb. 1 Anzahl aller Sonderpädagogischen Förderklassen im Schuljahr 1993/94 in Berlin

3. Zur Position der Sonderpädagogischen Förderklassen im System der Berliner Schule

Die Abb. 2 (Die Sonderpädagogische Förderklasse zwischen spezieller und allgemeiner Schule) zeichnet drei Hauptstränge von schulischen Organisationsformen: die speziellen Schulen, die allgemeinen Schulen und die Einrichtungen, die sich zwischen beiden Polen befinden.

Spezielle Schulen:
Von den Sonderschulen wurden eine Reihe in Sonderpädagogische Förderzentren umbenannt. Es dürfen sich solche Sonderschulen als Förderzentren bezeichnen, die das typische Angebot einer Sonderschule vorhalten und bezirklich oder überbezirklich integrative resp. ambulante Aufgaben an den allgemeinen Schulen übernehmen. Sie organisieren außerdem in der Regel die Förderausschußverfahren zur Feststellung eines sonderpädagogischen Förderbedarfs. Die klassischen Aufgaben eines Förderzentrums sind somit Beratung, Diagnostik, spezielle Förderung und Therapie in allen Schularten und sonderpädagogischer Unterricht.

Interessant ist, daß es zur Zeit eine zunehmende Anzahl von Integrationsklassen sowohl nach dem Modell Uckermark als auch nach dem Modell Fläming an Sonderschulen gibt. Einige Schulen für Lernbehinderte haben deshalb den Zusatz „und Grundschule" erhalten.

Allgemeine Schulen:
Schüler mit einem sonderpädagogischen Förderbedarf an allgemeinen Schulen befinden sich überwiegend in den Grundschulen und ihren Vorschuleinrichtungen. Die bisher favorisierte Form der integrativen Beschulung nach dem Modell Uckermark wird aktuell durch die problematische Form der Einzelintegration teilweise verdrängt. Der starken Nachfrage nach integrativer Beschulung nach dem Modell Uckermark können die Bezirke trotz jährlicher Neuzuweisung von Sonderpädagogikstellen nicht mehr ausreichend nachkommen. Das liegt

spezielle Schulen ⟷ allgemeine Schulen

spezielle Schulen:

- Sonderpädagogisches Förderzentrum
  - fachspezifisch
  - regional/bezirklich
  - überregional/überbezirklich

- Sonderschulen für
  - Lernbehinderte
  - Geistigbehinderte
  - Sprachbehinderte
  - Schwerhörige
  - Gehörlose
  - Körperbehinderte
  - Sehbehinderte
  - Blinde
  - Verhaltensgestörte

- Integration
  - Modell Uckermark
  - Modell Fläming
  an
  - Sonderschulen

Mitte:

- Kooperation von Grund- und Sonderschule: Koop-Schule
- Sonderpädagogische Beratungsstelle für Sprachbehinderte
- Sprachheilambulanz in der Beratungsstelle und in Grundschulen
- Kleinklassen für Sprachbehinderte an Grundschulen (Vorklasse, Klasse 1 und 2)
- Ambulanzlehrersystem aller Sonderschularten im Rahmen von Einzelintegration und Beratung
- **Sonderpädagogische Förderklassen an Sonderschulen für**
  - **Lernbehinderte**
  - **Körperbehinderte**
  - **Sprachbehinderte**
- Kleinklassen für Verhaltensgestörte an Grundschulen

allgemeine Schulen:

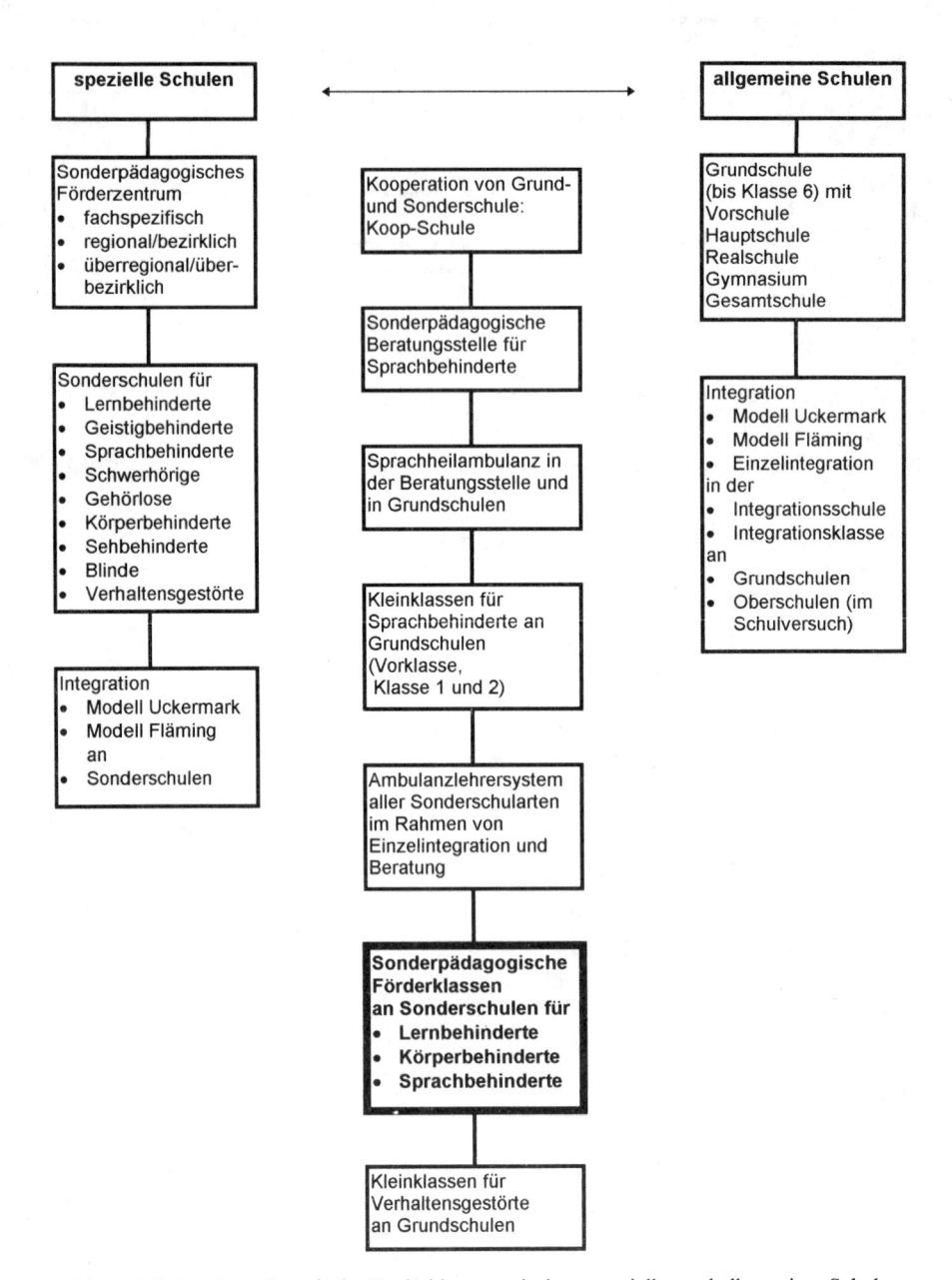

- Grundschule (bis Klasse 6) mit Vorschule
  Hauptschule
  Realschule
  Gymnasium
  Gesamtschule

- Integration
  - Modell Uckermark
  - Modell Fläming
  - Einzelintegration
  in der
  - Integrationsschule
  - Integrationsklasse
  an
  - Grundschulen
  - Oberschulen (im Schulversuch)

Abb. 2 Die Sonderpädagogische Förderklasse zwischen spezieller und allgemeiner Schule

einmal an der kostenträchtigen Ausstattung dieses Modells (hoher Personalaufwand, geringe Schülerfrequenz) und am Mangel an ausgebildeten Sonderschullehrern. Ersatzweise werden vermehrt behinderte Kinder einzeln in eine Klasse der Grundschule integriert. In dieser Form wird die Frequenz nicht abgesenkt, und ein entsprechender Sonderpädagoge - soweit vorhanden - betreut das Kind von der Sonderschule aus mit maximal 4 Stunden pro Woche in der Grundschule. Der Qualitätsverlust dieser Art von Integration wird mehr und mehr erkannt, so daß die Senatsschulverwaltung jetzt verfügt hat, daß nur noch Kinder im Rahmen der Einzelintegration beschult werden dürfen, wenn sie lernzielgleich mitarbeiten können, also nicht lernbehindert sind.

Sonderpädagogische Förderung zwischen Sonderschule und allgemeiner Schule:
Die kooperative Arbeit von Sonderschule und Grundschule wird häufig als sehr schwierig bezeichnet und ist sicherlich kein Modell der Zukunft. Die Sonderpädagogische Beratungsstelle für Sprachbehinderte ist eine seit etwa 1970 bewährte Einrichtung, die es inzwischen in allen Berliner Bezirken gibt. Zu ihren Aufgaben gehört die Beratung, Diagnostik und Therapie sprachauffälliger Kinder. Sie befindet sich in der Regel in einer Grundschule, der zum Teil Kleinklassen für Sprachbehinderte angeschlossen sind. Die Beratungsstelle stellt ein ideales Bindeglied von Sonderpädagogik und Grundschule dar. Sprachauffällige Kinder können in den Grundschulen bzw. in der Beratungsstelle durch Sprachheilambulanz- bzw. Beratungslehrer therapeutisch betreut werden. Es handelt sich hier um Sprachtherapie, die unabhängig von einem Förderausschußverfahren angeboten wird, also um eine präventive Maßnahme, die natürlich eine enge Kooperation mit der Grundschule und den Eltern einschließt. Neben den Kleinklassen für Sprachbehinderte gibt es noch solche für Verhaltensgestörte - allerdings mit abnehmender Tendenz - und als neue Organisationsform eben die Sonderpädagogische Förderklasse. Während die Kleinklassen in Grundschulen untergebracht sind, befinden sich die Förderklassen in Sonderschulen. Da die Kinder jedoch in dieser Klasse noch als Grundschüler gelten, erhalten sie ein als solches gekennzeichnete Zeugnis.

4. Die Organisationsformen der Berliner Schule aus sprachtherapeutischer Sicht

Die Abb. 3 gibt eine Übersicht über das Angebot sprachtherapeutischer Versorgung im System der Berliner Schule. Die Formen der Integration (1 - 3) der Modelle Uckermark und Fläming zeichnen sich durch einen hohen Anteil sonderpädagogischer Versorgung aus, wenn man bedenkt, daß für 2 behinderte Schüler im Uckermark-Modell 8 Stunden pro Woche und im Fläming-Modell für 5 behinderte Schüler eine volle Stelle vorgesehen sind. Beide Formen haben konzeptionell die Möglichkeit, sprachtherapeutische Arbeit in den Unterricht zu integrieren oder parallel laufen zu lassen, was jedoch voraussetzt, daß der Sonderpädagoge sprachbehindertenpädagogisch ausgebildet ist, was leider häufig nicht der Fall ist. Integrationsschulen und

	Organisationsformen	bestimmende Merkmale	
1	Integrationsschule	Modell 18(19)/2(3) (Uckermark): 18(19) nichtbehinderte u. 2(3) behinderte Schüler aus dem Schuleinzugsbereich, Mehrpädagogensystem, 10 Teilungsstunden, 2 Förderstunden, 8 Sonderpädagogikstunden/Klasse/Woche Modell 10/5 (Fläming): 10 nichtbehinderte u. 5 behinderte Schüler mit unterschiedlicher oder mit gleicher Behinderung, 2-Pädagogensystem, 1 Sonderpädagoge/Klasse	Sprachtherapie in der Integration
2	Integrationszug oder - züge an einer Grund- oder Sonderschule	siehe 1: Integrationsschule	⇩
3	Integrationsklassen an einer Grund- oder Sonderschule	siehe 1: Integrationsschule	
4	Einzelintegration resp. Ambulanzlehrersystem	Klasse unter Regelbedingungen, bis zu 4 Stunden Sprachtherapie/Kind/Woche	
5	Sprachheilambulanz	Sprachtherapie und Sprachförderung für Kinder und Jugendliche mit Sprachauffälligkeiten und -störungen ohne sonderpädagogisches Gutachten an Grund- und Oberschulen und in der Beratungsstelle, Einzel- und Gruppentherapie	⇧
6	Sonderpädagogische Beratungsstelle für Sprachbehinderte	Beratung, Diagnostik und Therapie in der Beratungsstelle und an allgemeinen Schulen, unterrichtliche und sprachtherapeutische Betreuung der Kleinklassen für Sprachbehinderte	Beratung Kooperation
7	Kleinklassen für Sprachbehinderte an Grundschulen (Vorklasse bis Klassenstufe 2)	Schülerfrequenz: 12, 4 Sprachtherapiestunden/Woche/Klasse	⇩
8	Sonderpädagogische Förderklassen für Sprachbehinderte an Schulen für Sprachbehinderte (Klassenstufen 1 und 2)	Dehnung des Unterrichtsstoffes von 2 auf 3 Schuljahre ohne Anrechnung auf die Schulzeit, 4 Sprachtherapiestunden/Woche/Klasse, 2-Pädagogensystem für einen Teil des Unterrichts	
9	Schule für Sprachbehinderte	Vorklassen, Grundschule bis Klasse 6, Hauptschule, Realschule, Schülerfrequenz: 12 2 - 4 Sprachtherapiestunden/Woche/Klasse	
10	Sonderpädagogisches Förderzentrum für Sprachbehinderte	überregional (überbezirklich), fachspezifisch, alle Aufgaben der schulischen, diagnostischen und therapeutischen Betreuung sprachbehinderter Kinder und Jugendlicher für alle Organisationsformen	⇧
11	andere Sonderschulen	Schulen für Geistigbehinderte Schulen für Körperbehinderte Schulen für Lernbehinderte u.a. unterschiedliche Systeme schulischer und außerschulischer Sprachtherapie resp. Logopädie	Sprachtherapie in speziellen Einrichtungen

Abb. 3: Sprachtherapeutische Betreuung in den Organisationsformen der Berliner Schule

Grundschulen mit einem oder mehreren Integrationszügen (1 und 2) verfügen über einen größeren Pool von Sonderpädagogen und haben damit eher die Chance, daß einer von ihnen ein Sprachheilpädagoge ist, der dann klassenübergreifend Sprachtherapie anbieten kann. Bei der Einrichtung einzelner Integrationsklassen (3) an Grundschulen wird häufig die Konkurrenzsituation zwischen den Integrationsklassen und „normalen" Klassen beklagt: So glauben die Kollegen, die nicht integrativ arbeiten, daß sie mindestens ebenso schwierige Kinder in ihrer Klasse haben, jedoch mit einer wesentlich höheren Schülerfrequenz ohne zweiten Pädagogen arbeiten müssen. An der Integration einzelner Kinder (4) in eine Grundschulklasse wird kritisiert, daß sich die Kooperation zwischen dem Sonder- und den Grundschulpädagogen schwieriger gestaltet als in den klassischen Integrationsformen. So bleibt der Sonderpädagoge als sog. Ambulanzlehrer häufig „vor der Tür" und arbeitet im Falle eines spachgestörten Kindes sprachtherapeutisch parallel zum Unterricht. Diese Form sonderpädagogischer Betreuung hat sich immer dann bewährt, wenn es sich um eine im wesentlichen aufhebbare Störung handelt, die durch eine additive Therapie oder Förderung in einem begrenzten Zeitraum behandelt werden kann.

Die Beratungsstelle für Sprachbehinderte (6) wird als Bindeglied zwischen allgemeiner und Sonderschule angesehen. Zum einen haben hier Eltern sprachauffälliger Kinder die Möglichkeit, außerhalb der administrativen Vorschriften der Schulverwaltung (Verfahren zur Feststellung eines sonderpädagogischen Förderbedarfs) sich unverbindlich beraten zu lassen. Die Beratungsstelle diagnostiziert, berät und bietet im Rahmen ihrer personellen Ausstattung Sprachtherapie an. In einigen Bezirken arbeiten die Kollegen direkt in den Grundschulen (Sprachheilambulanz) (5). Sprachtherapie wird hier als Angebot verstanden, um die Grundschulen in ihrer Arbeit zu unterstützen. Sie hat präventive Funktion.

In der Schule für Sprachbehinderte (9) erhalten die Schüler in der Vorklasse und in der Klassenstufe 1 und 2 vier Stunden und ab Klasse 4 nur zwei Stunden Sprachtherapie pro Woche und Klasse. Ein Vergleich mit der Integration macht deutlich, daß das Therapieangebot in der Sprachheilschule pro Kind deutlich geringer ausfällt. Als Konsequenz für die Schule für Sprachbehinderte bleibt deshalb der sprachtherapeutische Unterricht, der jedoch davon ausgeht, daß der unterrichtende Lehrer ein Sprachheilpädagoge ist. Die aktuelle Praxis zeigt jedoch, daß im Durchschnitt nur ca. 60% (Westteil: ca. 80%; Ostteil: ca. 50%)[7] aller Lehrer an Sprachheilschulen sonderpädagogisch ausgebildet sind. Mit zunehmender Abwanderung von Sonderpädagogen in die Integration und unter Berücksichtigung der Altersstruktur der

---

[7] Ergebnis einer noch nicht veröffentlichten Untersuchung von S. Kröner

Kollegen muß damit gerechnet werden, daß trotz Nachqualifizierung durch postgraduale Studiengänge der Anteil sonderpädagogisch ausgebildeter Lehrer weiter abnimmt.

Mit der Einrichtung der **Sonderpädagogischen Förderklassen für Sprachbehinderte** an Sprachheilschulen (8) ist es nun gelungen, jedenfalls für einen Teil der sprachbehinderten Schüler bessere Rahmenbedingungen zu schaffen. Durch den zweiten Pädagogen im Unterricht ist es jetzt möglich, individueller diagnostisch und sprachtherapeutisch zu arbeiten. Auch an anderen Sonderschulen (11) wird Sprachtherapie angeboten. Während es den sog. Artikulationsunterricht an Schulen für Lernbehinderte schon immer gab, betonen nun auch verstärkt die Schule für Körperbehinderte und Geistigbehinderte die Bedeutung von Sprachtherapie, die teilweise von Sprachheillehrern und teilweise von Logopäden erteilt wird.

5. Zur Konzeption der Sonderpädagogischen Förderklasse für Sprachbehinderte

Die Einrichtung von Sonderpädagogischen Förderklassen an Sprachheilschulen muß in einem engen Zusammenhang mit den Zielen und Aufgaben dieses Schultyps gesehen werden:

Die Schule für Sprachbehinderte soll zum einen Sprachstörungen und Sprachbehinderungen beseitigen, mindern oder, wenn dies nicht möglich ist, kompensieren. Das heißt Habilitation (Anbahnung und Ausformung nicht altersgemäß entwickelter Sprache vor allem bei Schulanfängern und Vorschulkindern, z. B. Sprachentwicklungsstörungen), Rehabilitation („Heilung" von Sprachstörungen bzw. Wiederherstellung „normaler" Sprache, z. B. Aphasien) und Kompensation (wenn Habilitation oder Rehabilitation nicht möglich sind, z. B. Stottern) sind die sprachtherapeutischen Aufgaben der Sprachheilschule.

In eine solche Schule werden nur Schüler aufgenommen, deren Sprachstörungen quantitativ und qualitativ so geartet sind, daß sie sich negativ auf das subjektive Erleben, auf das Verhalten und auf das Lernen und die Schulleistungsfähigkeit auswirken. Kinder ohne diese Sekundärsymptomatik (emotionale Störungen, soziale Auffälligkeiten und Lern- und Leistungsstörungen) verbleiben in der Regel in allgemeinen Schule und werden dort ambulant sprachtherapeutisch in der Schule oder logopädisch nach der Schule betreut. Sprachbehinderte Schüler sind im schulrechtlichen Sinne[8] solche, die neben ihrer Sprachstörung zusätzlich mehr oder minder emotional und/oder sozial und/oder lerngestört sind. Damit ist die zweite Aufgabe

---

[8] vgl. Der Senator für Schulwesen, Jugend und Sport von Berlin: Ausführungsvorschriften über Sonderschulen und Sonderschuleinrichtungen, 1984

der Sprachheilschule gekennzeichnet: Sie soll sprachbehinderte Schüler dazu befähigen, nach dem Rahmenplan der allgemeinen Schule zu arbeiten, d. h. sie soll sprachbehinderte Schüler zur „Normalschulfähigkeit" führen oder dafür sorgen, daß Schüler trotz Sprachstörungen Schulabschlüsse der allgemeinen Schule erzielen können. Sprachheilschulen verstehen sich als **Leistungsschulen**. Sie haben deshalb neben dem Grundschulteil Vorschulklassen und in einigen Bezirken Berlins einen Haupt- und Realschulteil. Sprachheilschulen verstehen sich also als **Durchgangsschulen** mit dem Ziel der frühestmöglichen Reintegration in die allgemeine Schule.

Ob sich Schule heute noch in erster Linie als Bildungseinrichtung begreift oder begreifen sollte, ist umstritten. So werden ihr vermehrt pädagogische resp. sozialpädagogische Aufgaben zugeordnet. Dies gilt auch für die Sprachheilschule. So schreibt BRAUN: „Die Sprachheilschule befindet sich im Wandel zu einem notwendigerweise flexiblen Funktionssystem, daß Erziehungs-, Bildungs- und Rehabilitationsaufgaben zugleich zu erfüllen hat. Sie ist nicht mehr nur Stätte der Schulpflichterfüllung mit umschriebenen sprachtherapeutischen Zielsetzungen und Methoden, sondern Stätte der Erziehung mit schwierigen sozialpädagogischen Aufgabenstellungen, Stätte des Unterrichts mit dem allgemeinen Bildungsanspruch und Stätte der therapeutischen Förderung mit dem Ziel der individuellen und sozialen Rehabilitation und Integration."[9] Es muß allerdings gefragt werden, ob damit der ohnehin schwierige Doppelauftrag von Unterricht und Therapie, also das sogenannte Dualismusproblem der Sprachheilschule, hier um ein drittes Moment „Sozialpädagogik" erweitert wird. So ist die in der aktuellen Praxis vielfach geäußerte Unzufriedenheit mit den geringen Erfolgen bei der Arbeit mit sprachbehinderten Kindern nicht nur mit deren immer komplexer werdenden Sprach-, Lern- und Verhaltensstörungen zu erklären, sondern möglicherweise auch mit einer generellen Überforderung. Eine Halbtagsinstitution, die gleichzeitig unterrichten, therapieren und sozialpädagogisch familiäre bzw. gesellschaftliche Defizite kompensieren will, muß sich zumindest entscheiden, wo sie Schwerpunkte setzen will, wenn sie sich nicht dem Vorwurf einer Zielindifferenz aussetzen will.

Das Konzept der Sonderpädagogischen Förderklassen ist primär therapeutisch und unterrichtlich orientiert. Schüler dieser Organisationsform sollen durch einen therapeutischen Unterricht auf die allgemeine Schule vorbereitet werden. Das Konzept entspricht damit ganz eindeutig dem Rehabilitations- und Leistungsgedanken der Schule für Sprachbehinderte. So kann auch

---

[9] Braun, O.: Aktuelle Grundfragen der sonderpädagogischen Förderung von Kindern und Jugendlichen mit Sprach-, Sprech- und Stimmstörungen. In: Sonderpädagogik in Berlin, Informationen des Landesverbandes Berlin (vds), H. 4. 1993, S. 84

der Erfolg der Arbeit in diesen Klassen nur bestimmt werden, wenn die darin arbeitenden Pädagogen für sich eine eindeutige Zielsetzung vorgenommen haben. Erste Beobachtungen im Rahmen der wissenschaftlichen Begleitung lassen vermuten, daß eben diese Zielindifferenz sich ungünstig auf die Arbeit auswirkt. Verstehen sich Sprachheillehrer als Pädagogen, die primär sozialerzieherisch und sozialtherapeutisch denken und arbeiten, geraten sie sehr schnell in die Gefahr, einerseits dieser Aufgabe nicht gewachsen zu sein und andererseits die klassischen Aufgaben von Unterricht und Therapie zu vernachlässigen, was letztlich zu Versagensgefühlen führt und nicht selten in Frustration und Resignation mündet. Sprachheillehrer, die zuerst ihre unterrichtliche und sprachtherapeutische Aufgabe sehen, stehen in der Gefahr, die sozialen Bedingungen des Lernens und Verhaltens außer acht zu lassen, was ebenfalls zu Problemen führen kann.

Sprachheilpädagogische Arbeit ist heute durch mindestens **drei** Aufgabenfelder gekennzeichnet: **Unterricht, Therapie und Sozialarbeit.** Die Sonderpädagogische Förderklasse bietet durch ihre besseren Ausstattungsmerkmale als die bisherige Sprachheilklasse die Chance, diesen drei Aufgaben etwas gerechter zu werden.

Für das Schuljahr 1993/94 hat die Senatsverwaltung für Schule, Berufsbildung und Sport den Schulversuch „Sonderpädagogische Förderklasse" auf die Schulen für Sprachbehinderte ausgeweitet. So konnte jede Sprachheilschule über die bezirkliche Schulaufsicht bei der Senatsschulverwaltung die Einrichtung **einer** solchen Klasse beantragen, wovon auch die meisten Schulen Gebrauch gemacht haben. Es existieren damit an den Schulen für Sprachbehinderte Vorklassen, Regelklassen im Sinne der Sprachheilschule und Sonderpädagogische Förderklassen

Mit folgenden Ausstattungsmerkmalen wurden die Klassen eingerichtet:
- Frequenz: 10 bis 12 Schüler
- Dehnung des Lehr- und Lernstoffes des 1. und 2. Schuljahres auf drei Jahre und zusätzliche Förderung im sprachlichen und sensomotorischen Bereich (basale Förderung).
- Das dritte zusätzliche Schuljahr wird nicht auf die Schulzeitpflicht angerechnet.
- Die Sonderpädagogische Förderklasse erhält zusätzlich 10 Lehrerstunden bei Erhalt der 4 Sprachtherapiestunden pro Woche.
- In der Klasse unterrichten damit zwei Pädagogen, von denen einer ein Sprachheilpädagoge sein muß.
- Materielle zusätzliche Ausstattung werden nur im Rahmen der bezirklichen Möglichkeiten zur Verfügung gestellt.

Grundsätzlich sollen nur solche Schüler aufgenommen werden, die auch bisher die Schule für Sprachbehinderte besuchten. Es soll also keine neue Klientel geschaffen werden. Es handelt sich damit um primär sprachbehinderte Schüler, bei denen jedoch befürchtet werden muß, daß sie unter den bisherigen Bedingungen der Schule für Sprachbehinderte nicht mit Erfolg den Anforderungen des Rahmenplans der allgemeinen Schule gewachsen sind. Es wird sich deshalb hauptsächlich um Kinder handeln, die einerseits massiv und komplex sprachgestört sind und zum anderen in sensomotorischen und kognitiven Teilbereichen auffällig sind. Daß solche Kinder auch sozial-emotional gestört sein können, ist bekannt. Eine Abgrenzung zur Lernbehinderung ist schwierig. Sie kann nur im Einzelfall entschieden werden. Es ist auch ein Ziel der Sonderpädagogischen Förderklasse, eine so schwerwiegende Entscheidung nicht vor Eintritt in die Schule treffen zu müssen. Das zentrale Anliegen der Sonderpädagogischen Förderklasse ist vielmehr eine wirkliche Förderdiagnostik. Schullaufbahnempfehlungen resp. -entscheidungen sollen deshalb während bzw. nach dem Besuch der Förderklasse getroffen werden. Um den Kollegen in den Schulen die Aufnahmeentscheidung zu erleichtern, hat die wissenschaftliche Begleitung einen Kriterienkatalog als Hilfestellung herausgegeben. Der Katalog wurde durch ein umfangreiches Arbeitspapier[10] ergänzt, daß in Anlehnung an BRÄUNING UND ZAPKE[11] und BRAND, BREITENBACH UND MAISEL[12] in operationalisierter Form Beobachtungskriterien für die einzelen Teilleistungsstörungen benennt. Die tatsächliche Aufnahmeempfehlung spricht ein Förderausschuß aus, der sich bei seiner Entscheidung in erster Linie auf das sonderpädagogische Gutachten des Fachkollegen stützen wird. Darüber hinaus hat sich herausgestellt, daß die Einschätzung durch die Vorklassenleiterin in der Sprachheilschule (Westteil der Stadt) oder durch die Erzieherin eines Sprachheilkindergartens (Ostteil der Stadt) von hohem prognostischen Wert ist. In der Regel sollten keine zurückgestellten Kinder aufgenommen werden.

Kriterienkatalog zur Aufnahme in eine Sonderpädagogische Förderklasse für Sprachbehinderte

Sprachstörungen (Auswahl von möglichen Erscheinungsformen):
- umfassende Sprachentwicklungsstörung
- mittlerer bis schwerer Dysgrammatismus
- stark eingeschränkte Verständlichkeit

---

[10] zusammengestellt von B. Gieseke im Rahmen der Lehreraus- und -weiterbildung

[11] unveröff. Manuskript

[12] Brand, I./Breitenbach, E./Maisel, V.: Integrationsstörungen, - Diagnose und Therapie im Erstunterricht, Verlag Maria-Stern-Schule des Mareinvereins mit Marienheim e. V., Würzburg 1988

- geringes Sprachverständnis
- multiple oder universelle Dyslalie
- semantische Störungen

Störungen in nichtsprachlichen Bereichen (sog. Teilleistungsstörungen):
Körpernahe Sinne:
- Vestibuläres System
- Groß-, Gesamktkörperkoordination
- Taktil-kinästhetische Wahrnehmung
- Propriozeptive Wahrnehmung/Steuerung
- Tonusausdiffrenzierung
- Körperschema
- Körper-Ich, Raumorientierung
- Lateralität
- Mittellinienüberkreuzung
- Bilaterale Integration
- Bewegungsplanung, Praxie

Körperferne Sinne:
- visuelle Fähigkeiten, Speicherung
- auditive Fähigkeiten, Speicherung

Integrative Bereiche:
- Figur-Grund-Wahrnehmung/Inhibition
- Seriation/zeitlich-räumliche Abfolgen (Beziehungen)
- Sensorisch/motorisch/integrative Verknüpfungen

Korrespodierende Bereiche
- emotionale Gestimmtheit,
- Verhalten (Fremdbestimmung)

6. Zum Verhältnis von Therapie und Unterricht in der Sonderpädagogischen Förderklasse

Mit seinem Aufsatz zum sprachtherapeutischen Unterricht hat BRAUN (1983) das Verhältnis von Erziehung, Unterricht und Therapie in der Schule für Sprachbehinderte auf der Grundlage einer kritischen Analyse der Theorie und Praxis ausgewählter didaktischer Ansätze neu bestimmt. Er resümiert unter anderem zwei Punkte:

„Es zeigt sich weiter, daß die genannten sprachbehindertendidaktischen Ansätze sprachbehinderungsbezogene Ansätze darstellen. Im Bemühen um eine behinderungsspezifische Didaktik verläuft die Denkrichtung von den Behinderungsdaten zu den didaktischen Daten. Vor allem Methoden und Medien werden behinderungsentsprechend ausgewählt und eingesetzt. Je mehr sich die sprachbehindertendidaktischen Ansätze diesem Begründungsmodus verschreiben, um so mehr bewegen sie sich auf eine reduktive Didaktik zu. Aus beidem ergibt sich, daß die gegenwärtige Sprachbehindertendidaktik zwischen regelschulbezogener und behinderungsspezifischer Didaktik hin- und herschwankt. Sie möchte - und muß - beiden Orientierungsfeldern entsprechen. Schließlich verzichten die angesprochenen sprachbehindertendidaktischen Ansätze auf eine explizite fachdidaktische, d. h. sprachdidaktische Orientierung und lassen kaum Anstrengungen erkennen, die notwendigen didaktischen Entscheidungen auf sprachdidaktischer Ebene herzuleiten und zugleich auch ideologiekritisch verständlich zu machen." (BRAUN 1980, S. 140)

Das Grundproblem der Sprachheilschule, die sogenannte Doppelaufgabe von Therapie und Unterricht (Dualismusproblematik) wird nicht mehr nur erkannt und wiederholt, sondern erklärt und zumindest theoretisch aufgelöst. BRAUN zeichnet zwei unterschiedliche Vorgehensweisen, Unterricht und Sprachtherapie aufeinander zu beziehen.

Erstens: Unterricht als Vehikel von Therapie
In den kritisierten sprachbehindertendidaktischen Ansätzen wird grundsätzlich gefragt, wie Unterricht für sprachtherapeutische Ziele nutzbar gemacht werden kann.

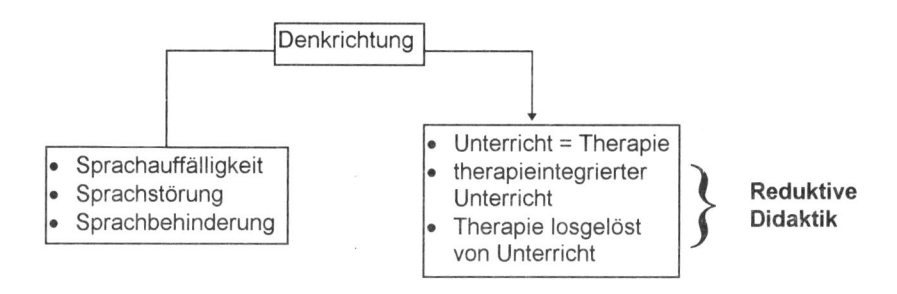

Abb. 4

Die Unterrichtsplanung orientiert sich an den sprachlichen Defiziten der Schüler: Ziele und Inhalte werden verändert oder umformuliert und sprachtherapeutischen Zielen und Inhalten angepaßt. Die behinderungsspezifischen Ausgangsdaten führen zu einer Reduktion der intentionalen, thematischen und methodischen Aspekte (vgl. Abb. 4). In diesem Fall wird der Unterricht zum Vehikel von Therapie oder selbst zur Therapie. Begründet wird dieses Vorgehen mit der sog. Wesensgleichheit von Therapie und Unterricht[13]. Sicherlich besteht eine Wesensgleichheit auf der pädagogisch-didaktischen Ebene: Unterricht *und* Therapie sind zielorientiert, werden strukturiert geplant und sind auf Motivation und Verstärung angewiesen.

Aber es gibt *wesentliche* Unterschiede: Unterricht setzt voraus, daß sich der Schüler hauptsächlich *aus eigener Kraft* die angebotenen Inhalte und Themen aneignet. Von Therapie wird in der Regel dann gesprochen, wenn das Lernen und Verhalten auf eine besonders intensive Weise, ausschließlich am Individuum ausgerichtet und fachspezifisch fundiert unterstützt werden muß, damit es zu einem Lernzuwachs oder zu einer Verhaltensänderung kommt. Lernprozesse sind gewissermaßen *von außen*, *auf Hilfe* angewiesen. Therapie impliziert einen Störungsbegriff. Unterricht fördert Fähigkeiten und Fertigkeiten und vermehrt Wissen: Unterrichtskonzepte sind letztlich **Fähigkeitskonzepte**. Therapie orientiert sich an Schwierigkeiten, an Schwächen, am Mangel. Sie ist auf Heilung, Symptomreduzierung oder Kompensation ausgerichtet: Therapiekonzepte sind letztlich **Defizitkonzepte**.

Die aktuellen Bemühungen in der Sonderpädagogik, auf Defizitkonzepte ganz zu verzichten, und statt dessen fähigkeitsorientiert zu diagnostizieren und zu fördern, verschleiert meines Erachtens die eigentliche Problematik behinderter Kinder und Jugendlicher. Selbstverständlich muß auch der Sonderpädagoge, die Kinder „dort abholen, wo sie stehen" und muß auf ihren Fähigkeiten aufbauen. Wo Sonderpädagogik jedoch in therapeutischen Kategorien denkt - und die Sprachheilpädagogik tut dies explizit - sollte sie sich nicht schämen, Defizite als solche zu benennen. Der Versuch, Defizitkonzepte als inhuman zu diffamieren, ist überflüssig. Der sog. Paradigmenwechsel von der Therapie zur Förderung verwässert zwei unterschiedliche Begriffe und verschleiert sonderpädagogische Realität.

Zweitens: Interdependenz von Therapie und Unterricht
In einem eigenen theoretischen Ansatz, der Konzeption des therapeutischen Unterrichts, geht BRAUN davon aus, daß Therapie und Unterricht unterschiedliche Aufgaben haben: „Unter-

---

[13] vgl. Solarová, S.: Therapie und Erziehung im Aufgabenfeld des Sonderpädagogen, in: Sonderpädagogik 1 (1971) 1, S. 49 - 58

richt und Sprachtherapie lassen sich trotz einiger gemeinsamer formaler Momente nicht als wesensgleiche Wirkungsbereiche erkennen, ... Unterricht meint generell organisiertes Lernen und Lehren, während Sprachtherapie alle organisierten Maßnahmen zur Beseitigung von Sprachstörungen umfaßt und sowohl somatische Behandlung als auch psychotherapeutische Beeinflussung als auch didaktische Führung beinhalten kann." (BRAUN, 1983 b, S. 168)

Ein sprachtherapeutischer Unterrricht i. S. BRAUNs betrachtet das Bedingungsfeld (hier die spezifischen Probleme Sprachbehinderter) und das Entscheidungsfeld (bezogen auf unterrichtliche und therapeutische Ziele) als gleichwertig (BRAUN, ebd. S. 169). Sprachentwicklung resp. Sprachstörung einerseits und Unterricht andererseits stehen in einem wechselseitigen Abhängigkeitsverhältnis: „Das Prinzip der Interdependenz". Unterrichtsziele, -inhalte und -methoden sowie Therapieziele, -inhalte und -methoden müssen nach jeweiligen Leitinteressen veränderbar sein: „Das Prinzip der Dynamisierung". Mit diesem Ansatz ist es BRAUN gelungen, zumindest theoretisch dem Vorwurf einer reduktiven Sprachbehindertendidaktik zu begegnen. Auf die Probleme der praktischen Umsetzung hat er selbst hingewiesen: „Die didaktische Konzeption des sprachtherapeutischen Unterrichts ist ohne Frage sehr anspruchsvoll und in der Praxis vermutlich nur approximativ umsetzbar, da die vorausgesetzten Bedingungen meist nicht oder nur teilweise gegeben sind." (BRAUN, ebd. S. 177).

Mit der Einrichtung der Sonderpädagogischen Förderklassen an Sprachheilschulen sind die personellen und organisatorischen Bedingungen verbessert worden, so daß der Ansatz des sprachtherapeutischen Unterrichts eher realisiert werden kann. Durch die Dehnung um ein zusätzliches Schuljahr für den Lehrstoff der Klassenstufen 1 und 2 und durch den zweiten Pädagogen in einem Teil des Unterrichts können Unterrichtsinhalte „gestreckt" und um therapeutische Ziele ergänzt werden.

Sprachtherapeutischer Unterricht ist in erster Linie Unterricht. (Sprach)therapeutische Ziele sind nur soweit relevant, wie sie zur Erlangung unterrichtlicher Ziele von Bedeutung sind. Der Prozeß der Planung eines sprachtherapeutischen Unterrichts beginnt mit der genauen Analyse der Anforderungsstruktur des Unterrichtsgegenstandes. Die üblichen Verfahren der didaktischen Analyse reichen nicht aus. Der Unterrichtsgegenstand muß wesentlicher tiefer auf seine Anforderungsstruktur hin untersucht werden, weil (sprach)behinderte Kinder andere strukturelle Voraussetzungen des Lernens aufweisen. In einem zweiten Schritt muß deshalb eine ebenso gründliche Analyse der sprachlichen und vorsprachlichen Bedingungen der Kinder erfolgen. Erst dann können beide Strukturmomente aufeinander bezogen werden (Abb. 5).

Zur Planung eines sprachtherapeutischen Unterrichts:

Anforderungsstruktur des Unterrichtsgegenstandes		Voraussetzungen der Schüler
Der Erwerb eines Unterrichtsgegenstandes (Ziele, Inhalte, Themen, Methoden, Medien) erfordert aufeinander aufbauende und miteinander verknüpfbare Teilleistungen, Teilfähigkeiten und Teilfertigkeiten, die eine Aneignung des Unterrichtsgenstandes ermöglichen. Das Wissen um diese Teilleistungen vermitteln: • allgemeine Modelle und Theorien zur Entwicklung der „normalen" sprachlichen Kompetenz (z.b.: OKSAAR 1977, FRANCESCATO 1973, KEGEL 1980, GRIMM 1977) • allgemeine Modelle und Theorien zur „normalen" vor- und nichtsprachlichen Entwicklung: Motorik, Sensorik, Kognition, Emotionalität (z.B.: Kognitive Lernpsychologie der Genfer Schule: PIAGET, Mediationstheorie, Theorie der Kategoriesierung: BRUNER, Lerntheorie und Sprachpsychologie der Kulturhistorischen Schule, Aneignungskonzept: WYGOTSKI, LEONTJEV, LURIA) • spezielle Modelle und Theorien zur Erklärung des Erwerbs bestimmter schulbezogener Anforderungen: Lesen, Schreiben, logisch-mathematisches Denken (z.B.:Transkodierungsprozesse: E. WEIGEL 1972, Erstleseunterricht: GÜMBEL 1980, PROBST/WACKER 1986, Logisch-mathematisches Denken: I. WEIGEL 1972, SEIDEL 1973)	↔ Dynamisierung ↔ Interdependenz ↔	Sprachbehinderte Schüler können sich den Unterrichtsgegenstand nicht mit den üblichen Verfahren der allgemeinen Didaktik aneignen, weil sie über notwendige Teilleistungen nicht oder nicht ausreichend verfügen. Es sind deshalb sprachtherapeutische Maßnahmen (isoliert, additiv, integriert, immanent) nötig, die die fehlenden Teilleistungen entwickeln bzw. ihre Verknüpfungen initiieren. Bei irreversiblen Schäden müssen Ersatzkanäle entwickelt oder trainiert werden. Um die gestörten Teilleistungen diagnostizieren zu können, bedarf es Modelle und Theorien zur Erklärung • pathologischer sprachlicher Entwicklung auf allen sprachlichen Ebenen und • pathologischer Entwicklungsverläufe in vor- und nichtsprachlichen Bereichen: Motorik, Sensorik, Kognition, Emotionalität (z. B.: Neuropsychologie: GRAICHEN, Sensomotorik: AFFOLTER, Störungen der sensorischen Integration: AYRES)

Abb. 5

Die zur Aneignung eines unterrichtlichen Gegenstandes erforderlichen Teilleistungen (Anforderungsstruktur) und die in sprachtherapeutischen Prozessen zu berücksichtigenden sprachlichen Bedingungen (sprachpathologische Struktur) müssen wechselseitig aufeinander bezogen werden **(Interdependenz).** Das kann ein sprachtherapeutischer Unterricht nur leisten, wenn er so gestaltet ist, daß er einerseits die sprachlichen Fähigkeiten der sprachbehinderten Schüler berücksichtigt und andererseits die sprachlichen Förderungsmöglichkeiten des Unterrichtsgegenstandes nutzt. Die Unterrichtsfaktoren aus dem Entscheidungsfeld (Inhalte, Themen,

Methoden, Medien) müssen deshalb verändert bzw. angepaßt werden, und die Behinderungsdaten müssen permanent überprüft und immer wieder neu berücksichtigt werden (**Dynamisierung**) (vgl. BRAUN 1980 und 1983).

Der sprachtherapeutische Unterricht macht keine Vorgaben, was die Auswahl der unterrichtlichen und (sprach)therapeutischen Ansätze betrifft. In den 80er Jahren standen psycholinguistische Ansätze im Vordergrund (vgl. u. a. ROMONATH 1983). Die Organisationsform der Sonderpädagogischen Förderklasse bevorzugt neuropsychologische Ansätze (vgl. RUMPLER 1987 und GIESEKE 1993). Das bedeutet für die praktische Arbeit, die Aufnahme von Konzepten zur Diagnostik und Therapie von Teilleistungsstörungen in den Unterricht. Auf der sprachlichen Ebene wird hier vor allem auf das Diagnostikmodell von GRAICHEN (vgl. z. B. GRAICHEN 1973, 1979 und DIETEL 1988, 1995 zurückgegriffen, auf der vor- bzw. nichtsprachlichen Ebene auf den Ansatz der basalen Förderung nach BRAND, BREITENBACH und MAISEL (1988), die ihre diagnostischen und therapeutischen Vorschläge hauptsächlich vom Theoriemodell der sensorischen Integrationstherapie AYRES' (1972, 1984) und dem Teilleistungsmodell AFFOLTERs (1987) ableiten.

Es darf jedoch nicht übersehen werden, daß die 1980 von BRAUN charakterisierten Ansätze zum Verhältnis von Therapie und Unterricht auch in der Organisationsform der Sonderpädagogischen Förderklasse auf ganz typische Weise vertreten sind. So muß das von BRAND, BREITENBACH und MAISEL entwickelte Vorgehen eindeutig als ein therapeutisches Konzept angesehen werden, daß Unterricht zum Vehikel therapeutischer Intentionen macht. In ihrem Unterricht steht die Therapie der sogenannten Basisfunktionen vor allem im nichtsprachlichen Bereich im Vordergrund. Der Unterrichtserfolg, das veränderte positive Lern- und Leistungsverhalten und das verbesserte Sprachverhalten kann nicht als Erfolg einer sprachbehindertendidaktischen Konzeption angesehen werden, sondern ist ausschließlich auf die intensive Förderung der sensomotorischen Basisfunktionen zurückzuführen (vgl. Abb. 6).

Therapeutisches Konzept der Förderung von Basisfunktionen im Unterricht nach BRAND, BREITENBACH und MAISEL

Unterricht ← Denkrichtung Therapie

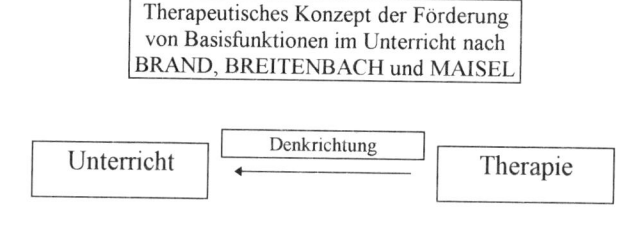

Abb. 6

Dem gegenüber steht das Konzept eines sprachtherapeutischen Unterrichts von ZAPKE, ZAPKE und BRÄUNING. Hier ist die Anforderungsstruktur des Lerngegenstandes Ausgangspunkt für die therapeutische Arbeit im oder außerhalb des Unterrichts (vgl. Abb. 7).

> Pädagogisches Konzept eines
> sprachtherapeutischen Unterrichts nach
> BRÄUNING, ZAPKE und ZAPKE

Unterricht —— Denkrichtung ——→ Therapie

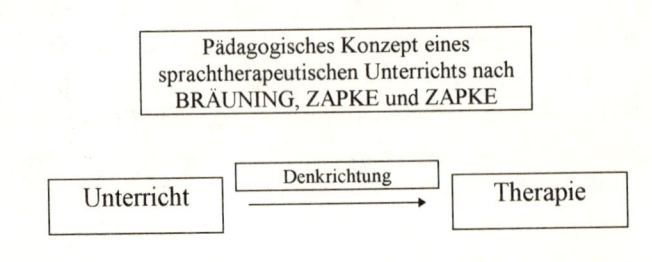

Abb. 7

BRAUNs Aufsatz zum sprachtherapeutischen Unterricht ermöglicht es jedoch, die unterschiedlichen Vorgehensweisen zu erkennen und zu reflektieren. Sein Aufsatz von 1980 hat nicht an Aktualität verloren. Die Arbeit in den Sonderpädagogischen Förderklassen bewegt sich schon aus Gründen der Entwicklungsgeschichte dieser Organisationsform (vgl. Kap. 2) zwischen beiden Konzeptvarianten.

Abschließend soll der Versuch unternommen werden, ein Modell zu entwickeln, das exemplarisch dem Anspruch eines sprachtherapeutischen Erstleseunterrichts als Grundlage dienen kann. Das Modell soll die Anforderungsstruktur des Lerngegenstandes „Lesen" aufzeigen (vgl. Abb. 8). Dies geschieht in Anlehnung an LIST (1981), WEIGL (1974) UND SCHEERER-NEUMANN (1979). Das Lesen des Leseanfängers wird hier als Prozeß im Sinne eines hypothesentestenden Suchverhaltens beschrieben (siehe 1. Reihe der Abbildung von links nach rechts). Die Entwicklung der Lesefähigkeit ist abhängig vom Rückgriff auf sprachliche und nichtsprachliche Fähigkeiten.

In Anlehnung an RADIGK (1982) werden drei aufeinander aufbauende Arten der Informationsverarbeitung unterschieden:
- 1. Informationsstufe: die sinnliche Erfahrung, die Informationsaufnahme durch das „Begreifen", die Phase der Sensumotorik.
- 2. Informationsstufe: die lautsprachliche Erfahrung, das Hören und Sprechen, die Sprachverarbeitung auf den linguistischen Ebenen der Phonologie, der Grammatik, der Semantik und der Pragmatik.
- 3. Informationsstufe: die schriftsprachliche Erfahrung, das Lesen und Schreiben.

Der Erstleseunterricht in der allgemeinen Schule setzt im allgemeinen die altersadäquate Entwicklung der 1. und 2. Informationsstufe voraus. Ein Schulanfänger, der auf diesen beiden Stufen ein durchschnittliches oder hohes Niveau entwickelt hat, wird unabhängig vom gewählten Leselehrgang das Lesen in der üblichen Zeit von einem Schuljahr erlernen. Beim sprachbehinderten Kind ist die 2. Informationsstufe immer und die 1. Informationsstufe häufig nicht altersgemäß entwickelt. Deshalb ist es notwendig, in einem sprachtherapeutischen Unterricht die sprachstrukturellen und außersprachlicher Bedingungen genau zu diagnostizieren und didaktisch-therapeutisch im Unterricht zu berücksichtigen.

Beispiel 1: Störungen auf der 2. Informationsstufe

Die Phonemanalyse gelingt bei bestimmten Phonemen nicht: /K/ und /T/ können lautlich nicht unterschieden werden. Beim Lesen wird der Suchprozeß unterbrochen, weil bei Wörtern mit K und T die auditive Rückkoppelung versagt.
Sprachtherapeutische Konsequenz: Das Kind kann mit Hilfe von Handzeichen, die den Lautcharkter der Buchstaben verdeutlichen (z. B. PMS) die Phonemdifferenzierung leisten.

Beispiel 2: Störungen auf der 2. Informationsstufe

Der linguistische Wissensspeicher ist reduziert. Das Kind spricht in 3-Wortsätzen. Es bevorzugt die Verbendstellung. Der Sinn des Satzes kann nicht erschlossen werden, weil ein Rückgriff auf die satzsemantische Ebene nicht möglich ist.
Sprachtherapeutische Konsequenz: Die Satzteile werden mit Hilfe von Piktogrammen nach Art der Dysgrammatismustherapie „Satzbildung" des Sprachheilzentrums Ravensburg visuell gegliedert. Nur die Schlüsselwörter müssen erlesen werden.

Beispiel 3: Störungen auf der 1. Informationsstufe

Die Raum-Lage-Orientierung ist auf Grund eines gestörten Körperschemas beeinträchtigt. Das Kind hat kein ausreichend entwickeltes Rechts-Links-Schema. Die visuelle Orientierung auf dem Blatt oder im Buch ist beeiträchtigt.
Therapeutische Konsequenz: Klassenraum, Tafelbild und Arbeitsbogen müssen durch vereinbarte Zeichen ein eindeutiges Links-Rechts-Schema aufweisen. ZAPKE, ZAPKE und BRÄUNING schlagen in diesem Fall vor, die linke Seite des Klassenzimmers - von den Schülern aus gesehen - (Fensterseite) als „helle Seite" und die rechte Seite (Türseite) als die „dunkle Seite" zu bezeichnen. „Mond" und „Sonne" als entsprechenden Symbole werden im Klassenraum frontal zur Sitzordnung an der Wand befestigt und können an der Tafel oder auf dem Arbeitsbogen eingezeichnet werden.

	⇒	⇒	⇒
3. Informationsstufe Schriftsprache Lesen und Schreiben	**Lesen** * visueller Input * Buchstabe * Buchstabengruppen * Wörter * Sätze * Text	**Lesen** Phonem-Graphem-Korrespondenz-Regeln kognitive Zuordnung von Phonem und Graphem
	⇒	⇒	⇒
2. Informationsstufe Lautsprache Hören und Sprechen		phonematisches Gedächtnis, artikulatorisches Gedächtnis und auditives und artikulatorisches Sequenzgedächtnis im sprachlichen Bereich
	⇒	⇒	⇒
1. Informationsstufe sinnliche Erfahrung Sensorik und Motorik	* Raumlageorientierung (oben - unten, links - rechts) * Körperschema und -wahrnehmung * Lateralität * Figur-Hintergrund-Unterscheidung * Augenbewegungen * Haltung * Gleichgewicht * Muskeltonus	visuelles Gedächtnis und auditives Gedächtnis im vorsprachlichen Bereich

Die Sonderpädagogische Förderklasse für Sprachbehinderte ...

⇒	⇒	⇒
Lesen auditives Feedback * laut * leise	**Lesen** artikulatorisches (taktil-kinästhetisches) Feedback	**Bedeutungserkennen** Sinn
⇒	⇒	⇒
Phonemdiskrimination auf sprachlicher Ebene * Analyse und Synthese * Sequenzbildung (Silben,Wort, Satz)	korrekte Artikulation * Analyse und Synthese * Sequenzbildung (Silben,Wort, Satz)	Bedeutungserkennen auf sprachlicher Ebene und linguistischer Speicher: * Wortschatz * Grammatik * Phonologie
⇒	⇒	⇒
vorsprachliche Ebene: * auditive Figur-Hintergrund-Unterscheidung * Richtungshören * Lautunterscheidung (Klänge und Geräusche) * Differenzierung von Tonhöhen * Lautstärke	vorsprachliche Ebene: oral-motorische Planung taktil-kinästhetische Rückkoppelung	Bedeutungserkennen auf vorsprachlicher Ebene

Literatur:

AFFOLTER, F.: Wahrnehmung, Wirklichkeit und Sprache. Villingen-Schwenningen 1987

AYRES, J.: Lernstörungen. Sensorisch-integrative Dysfunktion, Berlin 1972

AYRES, J.: Bausteine der kindlichen Entwicklung, Berlin 1984

BRAND, I./BREITENBACH, E./MAISEL, V.: Integrationsstörungen - Diagnose und Therapie im Erstunterricht, Verlag Maria-Stern-Schule des Mareinvereins mit Marienheim e. V., Würzburg 1988

BRAUN, O.: Das Verhältnis von Theorie und Praxis in der Sprachbehindertenpädagogik, dargestellt am sprachtherapeutischen Unterricht der Schule für Sprachbehinderte. in: Die Sprachheilarbeit 25 (1980) 4, S. 135 - 142

BRAUN, O.: Aktuelle Grundfragen der sonderpädagogischen Förderung von Kindern und Jugendlichen mit Sprach-, Sprech- und Stimmstörungen. In: Sonderpädagogik in Berlin, Informationen des Landesverbandes Berlin (vds), H. 4. 1993

BRAUN, O.: Konzepte und Organisationsformen zur Rehabilitation Sprachbehinderter - Einführung in das Tagungsthema aus pädagogisch-therapeutischer Sicht. In: Deutsche Gesellschaft für Sprachheilpädagogik e. V. (Hrsg.): Konzepte und Organisationsformen zur Rehabilitation Sprachbehinderter. 15. Arbeits- und Fortbildungsveranstaltung vom 29. September bis 2. Oktober 1982 in Berlin, Hamburg 1983 a., S. 15 - 25

BRAUN, O.: Sprachtherapeutischer Unterricht in Theorie und Praxis - Bestandsaufnahme und Diskussion -. In: Deutsche Gesellschaft für Sprachheilpädagogik e. V. (Hrsg.): Konzepte und Organisationsformen zur Rehabilitation Sprachbehinderter. 15. Arbeits- und Fort-bildungsveranstaltung vom 29. September bis 2. Oktober 1982 in Berlin, Hamburg 1983 b., S. 167 - 178

BREITENBACH, E.: Die Therapie von Integrationsstörungen im Erstunterricht, in: Informationen Berliner Sonderpädagogik, vds - Fachverband für Behindertenpädagogik - Landesverband Berlin, H.3, 1988, S. 18 - 34

BREITENBACH, E.: Strukturwandel in der Schülerschaft an Sprachheilschulen - Tatsache oder Einbildung? in: Die Sprachheilarbeit 37 (1992), S. 111 - 118

DIETEL, B.: Neuropsychologische Diagnostik und Therapie, in: Behindertenpädagogik in Bayern, Mitteilungsheft des Verbandes Deutscher Sonderschulen, Fachverband für Behindertenpädagogik, Landesverband Bayern, 31 (1988) S. 1 ff. und 31 (1988) S. 183 ff.

DIETEL, B.: Das Teilleistungskonzept - Versuch einer neuropsychologischen Begründung, in: Die Sprachheilarbeit, 40 (1995) 2, S. 97 - 112

EBERWEIN, H. (HRSG.): Behinderte und Nichtbehinderte lernen gemeinsam - Handbuch der Integrationspädagogik, Weinheim, Basel 1988

GIESEKE, T./HARBRUCKER, F.: Wer besucht die Schule für Sprachbehinderte? in: Die Sprachheilarbeit 36 (1991), S. 170 - 180

GIESEKE, T.: Diagnostik, Therapie und Unterricht bei sprachbehinderten Kindern aus neuropsychologischer Sicht - Falldarstellung, in: Sonderpädagogik in Berlin, Informationen des Landesverbandes Berlin (vds), H. 4. 1993, S. 88 - 104

GRAICHEN, J.: Teilleistungsschwächen, dargestellt am Beispiel der Sprachbenützungn in: Zeitschrift für Kinder- und Jugendpsychiatrie, 1 (1973) S. 113 - 143

GRAICHEN, J.: Zum Begriff der Teilleistungsstörungen, in: LEMPP, R. (Hrsg.): Teilleistungsstörungen im Kindesalter, Bern 1979, S. 280 - 291

KÖPLIN, W.: Möglichkeiten und Grenzen der Berücksichtigung von Sprachtherapie im Sachunterricht an der Schule für Sprachbehinderte. In: Deutsche Gesellschaft für Sprachheilpädagogik e. V. (Hrsg.): Konzepte und Organisationsformen zur Rehabilitation Sprachbehinderter. 15. Arbeits- und Fort-bildungsveranstaltung vom 29. September bis 2. Oktober 1982 in Berlin, Hamburg 1983, S. 189 - 210

LIST, G.: Sprachpsychologie, Stuttgart 1981

MEIER, R./HEYER, P.: Grundschule - Schule für alle Kinder. Voraussetzungen und Prozesse zur Ent-wicklung integrativer Arbeit, in: EBERWEIN, H. (HRSG.): Behinderte und Nichtbehinderte lernen gemeinsam - Handbuch der Integrationspädagogik, Weinheim, Basel 1988

ROMONATH, R.: Psycholinguistisch orientierter Sprachunterricht in der Schule für Sprachbehinderte. In: Deutsche Gesellschaft für Sprachheilpädagogik e. V. (Hrsg.): Konzepte und Organisationsformen zur Rehabilitation Sprachbehinderter. 15. Arbeits- und Fort-bildungsveranstaltung vom 29. September bis 2. Oktober 1982 in Berlin, Hamburg 1983, S. 179 - 188

SCHEERER-NEUMANN, G.: Zur Analyse des Leseprozesses beim Grundschulkind, in: OBST 13, Osnabrück 1979, S. 98 - 123

STOELLGER, N.: Wochenendtagung 1988: Basales Lernen in Grund- und Sonderschulen, in: Informationen Berliner Sonderpädagogik, vds - Fachverband für Behindertenpädagogik - Landesverband Berlin, H.3, 1988, S. 1 - 2

PFLÜGER, L.: Basales Lernen, Basale Stimulation, Basisförderung von Kindern mit geistiger Behinderung, Basale Aktivierung, in: Informationen Berliner Sonderpädagogik, vds - Fachverband für Behindertenpädagogik - Landesverband Berlin, H.3, 1988, S. 9 - 17

PFLÜGER, L.: Sensorisch integrative Funktionen: Ein theoretisches Modell zur Erklärung von Lernvorgängen und ihren Störungen, in: Informationen Berliner Sonderpädagogik, vds - Fachverband für Behindertenpädagogik - Landesverband Berlin, H.3, 1988, S. 42 - 60

PROJEKTGRUPPE INTEGRATIONSVERSUCH (HRSG.): Das Fläming-Modell, Weinheim, Basel 1988

RUMPLER, F. (HRSG.): Zur Theorie und Praxis der sonderpädagogischen Förderklassen, Erlangen 1987

WEIGL, E.: Zur Schriftsprache und ihrem Erwerb - neuropsychologische Betrachtungen, in EICHLER, W./HOFER, A.: Spracherwerb und linguistische Theorien, München 1974, S. 94 - 173

***

Thomas Gieseke, Sonderpädagogisches Förderzentrum für Sprachbehinderte, Berlin-Charlottenburg

Bernhard Klingmüller
Integration und integrative Methoden in der Sprachheilpädagogik unter der Perspektive der Interaktionsstruktur - einige allgemeine Bemerkungen

Die Verwendung von integrativen Methoden und die Berücksichtigung interdisziplinär konzipierter Ätiologiemodelle, auf die BRAUN immer wieder insistiert hat (1980, 1987), gehören inzwischen zum Standard der Sprachheilpädagogik. Integrative Konzepte erfordern, daß man sich des Zusammenhangs von Sprachbeeinträchtigung und Interaktion genau vergewissert. Zunächst ist die soziale Funktion von Sprache in der unmittelbaren Interaktion von Bedeutung, darüber hinaus aber auch die sozialstrukturelle Bedeutung von Sprache und sprachlichen Normen zu berücksichtigen. Die Perspektive der Interaktion beinhaltet, daß Interaktionsaspekte an Sprachbeeinträchtigungen nicht als zusätzlicher, additiver Wissensbereich aufzufassen sind, sondern in die Grundstruktur des wissenschaftlichen Verstehens von Sprachbeeinträchtigung eingearbeitet werden können.

Was ist konkret unter Sprachbeeinträchtigung als "Interaktionsbehinderung" (HOHMEIER 1980) zu verstehen. Die Bestandsaufnahme, die HOHMEIER 1980 zu dieser Fragestellung vorgenommen hat, hat nach wie vor Gültigkeit, wenn er davon spricht, daß der Zusammenhang "in der Regel nicht ausreichend konkretisiert" (HOHMEIER 1980) wird. Es soll in den folgenden Ausführungen nicht um eine weitere Konkretion gehen, sondern um konzeptionelle Perspektiven für eine solche Konkretion.

Es ist bei Beeinträchtigung und Behinderung, soziologisch gesehen, von zwei verschiedenen Grundkonstellationen auszugehen, vom Prozeß der Stigmatisierung und von der Problematik der Erfüllung von Rollenanforderung. Diese bilden die Folie, auf der die Interaktionsbedeutung von Sprachbeeinträchtigung diskutierbar ist.

Die Gefährdung der Akzeptanz wird als "Stigmatisierung" definiert. Das heißt, mit diesem Begriff wird die Komponente an Interaktionen charakterisiert, bei der vorausgesetzt wird, daß das Gegenüber zwar "leicht in den sozialen Verkehr aufgenommen werden könnte", es aber aufgrund eines bestimmten Attributs in seiner Akzeptanz beeinträchtigt ist (GOFFMAN 1967, 13).

Mit der Frage nach der Bedeutung von Rollenerfüllung ist der Aspekt in der Interaktion angesprochen, daß jemand nicht "leicht" in die jeweilige Situation aufgenommen werden kann, weil die Erfüllung bestimmter materialer oder sozialer Aufgaben immer auch Bestandteil von Interaktionen darstellt (PARSONS 1950, 430 ff).

Zwischen beiden Dimensionen der Interaktion bei Beeinträchtigungen gibt es zudem Wechselbeziehungen und Verschiebungen. Aspekte der Situationsdefinition, die über lange Zeit als Akzeptanzproblem gesehen wurden, zeigten sich durch die unterschiedlichsten gesellschaftlichen und normativen Entwicklungen von einer Seite, bei der die Erfüllung von Rollenerwartung stärker gewichtet werden muß. Aspekte der Situationsdefinition, die bisher als Nichterfüllung von Rollenerwartung gewertet wurden, lassen sich durch entsprechende Veränderungen eher als Akzeptanzproblem interpretieren.

Ein Wechsel von Leistungsanforderungsproblematik zur Akzeptanzproblematik kann insbesondere dadurch vonstatten gehen, daß die Vorstellungen von zu erfüllenden Rollenerwartungen sich ändern. Solche Veränderungen können abhängig sein von jeweiligen Situationen. Jemand kann beispielsweise nach logopädischer Behandlung seine Sprache wiedererlangt haben, allerdings um den Preis einer veränderten Sprachmelodie. Innerhalb einer spannungsgeladenen Sprechsituation wie z. B. im Schulalltag oder in der allgemeinen Öffentlichkeit mag er nur noch begrenzt funktionieren. Im privaten Bereich oder in einer solidarischen öffentlichen Welt kann er dennoch möglicherweise Funktionen ausführen wie vorher.

Eine weitere Möglichkeit der Veränderung von Erwartungen an Aufgabenerfüllungen besteht darin, daß gezielt spezifische situative Rollenerwartungen pädagogisch bearbeitet werden (wie z.B. mittels Einstellungsänderungskonzepten, vgl. AMIR 1969, nach SCHÄFER/SIX 1978, 289 f; JONES 1980).

Darüber hinaus können Verschiebungen des Verhältnisses von Leistungsanforderung und Akzeptanz im Zusammenhang längerfristiger Veränderungen der gesamten psychosozialtechnischen Entwicklung einer Gesellschaft stehen. Hier ist insbesondere die Verschiebung der Bedeutung von körperlichen zu kognitiven, kommunikativen und kreativen Kompetenzen zu nennen. Ausgiebig wird eine solche Verschiebung im Bereich der Sprachheilpädagogik diskutiert im Zusammenhang mit der Verwendung von Computern, wobei allerdings die Diskussion schwerpunktmässig auf die technischen Aspekte fokussiert ist. Wie vielschichtig die Problemlage gesehen werden muß, zeigt sich daran, daß es beispielsweise im "Internet" keine Stotterer geben kann, weil alle sprachlichen Interaktionen vorformuliert in den Interaktionsprozeß einfließen.

Wenn sich Verschiebungen zwischen Akzeptanzproblematik und Aufgabenerfüllung ergeben, muß nicht nur darauf geachtet werden, welche Leistungserwartungen sich als Akzeptanzproblem zeigen, sondern auch, ob eine gegenläufige Entwicklung stattfindet, indem sich Situationsdefinitionen von Akzeptanz hin zu Leistungserwartungen verändern. Was für die einen eine Aufwertung und Anreicherung von Fähigkeiten bedeuten kann, kann für andere eine Reduzierung der Bewertung ihrer Fähigkeiten und das Hervortreten spezifischer Begrenztheiten bedeuten.

Da es sich insgesamt um einen Bereich handelt, in dem es um das Verhältnis des Menschen als sozialem Wesen in seinem Verhältnis zur gegenständlichen und zur sozialen Welt handelt und insofern Objektivität und Situationsdefinition grundsätzlich nicht abgrenzbar sind, wird die Gesamtperspektive noch schwieriger zu bestimmen. Hier ist insbesondere einzubeziehen, daß bestimmte Erscheinungsbilder von Beeinträchtigungen jeweils ein ganz unterschiedliches Interesse finden. Enigmatische Erscheinungsbilder (Stottern, Autismus), oder Beeinträchtigungen, die zu bestimmten institutionellen Machtstrukturen in der jeweiligen historischen Konstellation "passen" (Verschiebung von psychotherapeutischen zu hirnphysiologischen Deutungsmustern, vice versa) finden jeweils ein besonderes Interesse in der Fachöffentlichkeit und gehen in die Vorstellung vom "Erscheinungsbild" ein.

Betrachten wir uns den Prozeß der Akzeptanz (bzw. Stigmatisierung) etwas genauer. Was bedeutet die Konstruktion einer Situationsdefinition, die durch "leichte" Aufnahme gekennzeichnet ist, bei der ein "weniger wünschenswertes" Attribut diese Aufnahme gefährdet, in welchen Situationen bedeutet eine Sprachbeeinträchtigung ein Attribut, das den Anspruch auf Akzeptanz eigentlich nicht gefährden sollte? Pädagogische und therapeutische Situationen mit Sprachbeeinträchtigten sind (wie alle pädagogische Situationen) in der Hauptsache dadurch geprägt, daß der Sprachbeeinträchtigte etwas nicht kann, was der Gegenüber (der Pädagoge, Therapeut) ihm vermitteln möchte. Es ist also eine Situation, in das die symmetrischen Elemente der Beziehung zueinander hochgefährdet sind durch den Prozeß der Stigmatisierung. Für integrative Situationen bedeutet es, sich dementsprechend zu überlegen, wie von den beteiligten Kindern usw. die Situationen so definiert und gestaltet werden, daß die Symmetrieelemente der Beziehung erhalten bleiben oder auch hergestellt werden. Ein symmetrisches Akzeptieren bedeutet für Kinder mit Sprachbeeinträchtigung eine Reduktion ihres allgemeinen Interaktionsstresses und wirkt sich möglicherweise auf die Bewältigung der Sprachbeeinträchtigung positiv aus. Insbesondere könnten die verschiedenen Formen der Reaktionen der Stigmatisierten auf die Nichtakzeptanz abgeschwächt werden.

Stigmatisierung kann nur greifen, wenn der Stigmatisierte die Bewertung des Attributs als weniger wünschenswert übernommen hat. Die Bewertung des Attributs durch die "Normalen" und die Identitätsnormorientierung bei bedrohter Akzeptanz führt zu einer Fülle von Reaktionsmustern und interaktionalen Strukturen (vgl. KLINGMÜLLER 1990, S. 45 ff).

Die Therapie eines bestimmten Verhaltens kann darauf orientiert sein, ein bestimmtes Defizit zu beheben, also zur Bewältigung einer bisher nicht bewältigbaren Aufgabe beizutragen. GOFFMAN weist darauf hin, daß Therapie auch im Zusammenhang von Stigmatisierung eine Rolle spielen kann. Einerseits stellt Therapie für ihn den Versuch dar, das Attribut, das zur Stigmatisierung führt, zu verändern. Zweitens bedeutet eine therapeutische Orientierung gegenüber dem Symptom für den Betroffenen auch eine moralische Vorschrift dar für das Verhältnis, was er zu seiner eigenen Identität haben sollte, dar. Gerade bei einem Phänomen wie Stottern ist oft schwer zu entscheiden, ob die Aspekte der Aufhebung von Stigmatisierung oder das Erlernen von Aufgabenerfüllung im Vordergrund stehen. Darüber hinaus ist es sinnvoll, die Grenze zwischen der Gewichtung von Therapie als Aufhebung von Stigmatisierung oder als Ermöglichen von Rollenerfüllung als fließend zu konzipieren. Dadurch bleibt man begrifflich darauf orientiert, sich genau darüber Rechenschaft abzulegen, worauf Therapiestrategien orientiert sind. Besteht der Schwerpunkt im Erlernen von Fähigkeiten oder im Erlernen der Vermeidung von Anpassung an stigmatisierende Situationen, in der vielleicht auch die Normalitätsorientierung der Beteiligten (also sowohl des "Normalen" wie des Stigmatisierten, bzw. dessen Bezugspersonen wie Eltern usw.) in Zweifel gezogen werden sollte? Gerade in integrativ arbeitenden Arbeitsfeldern müssen die nichttherapeutischen Situationen so strukturiert werden, daß eine Reduzierung der Stigmatisierungsprozesse gewährleistet ist. Viele Kinder haben eine hohe Sensibilität für Normalitätsorientierungen und lernen schnell, ob bewußt oder nicht, Interaktionsstrategien zu übernehmen, bei denen die Stigmatisierung benutzt wird für eine Stabilisierung von Symptomträgerschaft, allgemein: für das Verwenden des Stigmas für sekundäre Gewinne.

Der Grad an Normalitätsorientierung ist zudem abhängig von der professionellen Identität der Beteiligten. Sprachheiltherapeuten und Logopäden bestätigen ihre professionelle Identität über die Definition von Symptomen. Zudem sind es Personen, die durch ihre Ausbildung wesentlich stärker auf richtige Sprachbeherschung orientiert sind als der Durchschnitt möglicher Interaktionspartner. Sie müssen also die Perspektive der Normalitätsorientierung der beteiligten Kinder übernehmen, um zu verstehen, wie sich auf der Ebene der spontanen Interaktionen von Kindern Stigmatisierungen reduzieren lassen.

Sprachbeeinträchtigung hat neben der Stigma-Komponente innerhalb von Interaktionen auch die Bedeutung, daß bestimmte Aufgabenerfüllungen nicht gewährleistet sind. Die Bedeutung des Wechselverhältnisses von Sprache und Interaktion ist unbestritten und ist m. E. nicht zu trennen von dem Wechselverhältnis von Sprache und Denken (WYGOTSKY 1969). Sprachbeherrschung oder dessen Beeinträchtigung ist demnach nicht nur als ein Problem von Stigmatisierung, Devianz oder Zuschreibung aufzufassen, sondern muß selbstverständlich auch als Voraussetzung, die für wesentliche Anteilnahme an Interaktionsprozessen selbstverständlich vorliegen muß, gesehen werden. Für den Bereich der Interaktionen bestehen die Vorgaben der Überlegungen zu diesem Thema vor allem in den soziolinguistischen Konzepten, neben dem, was im Bereich der Sprachheilpädagogik und Logopädie zum mehr oder weniger selbstverständlichen Bestand der kommunikativen Kompetenz gehört (BRECKOW 1991).

Wenn man die Perspektive verschiebt und eine sprach-soziologische Orientierung wählt, verändern sich in einigen Punkten die Akzente. GOFFMAN (1974, 496 ff, 1981) betont in seinen Arbeiten, die sich intensiv mit soziolinguistischen Ansätzen auseinandersetzen, die Bedeutung von drei Bereichen des Gesprächs: erstens den Prozeß der "Ritualisierung", zweitens die Rahmenstruktur der Teilhabe ("participation framework") und drittens die Fähigkeit zur Einbindung ("embedding capacity"). Mit diesen Bereichen ist eine Ordnung des Miteinandersprechens gekennzeichnet, zu der interaktive Verfestigungen gehören, auf die im Gespräch selbstverständlich zurückgegriffen wird. Bei Sprachbeeinträchtigungen ist also nicht nur die kommunikative Kompetenz beeinträchtigt, sondern auch diese Ordnung des Miteinandersprechens durch Sprechbeeinträchtigungen bedroht. Andererseits dürfte sich gerade im Rückgriff auf die GOFFMANschen Überlegungen zeigen, daß wesentliche Elemente dieser Ordnung auch bei Sprachbeeinträchtigung aufrechterhalten bleiben können. Ritualisierungen gehören häufig dazu. Deshalb ist es gerade von hoher Bedeutung, welche Ritualisierungen bei Stotterern kompetent beherrscht werden und nicht, sie als Störfaktor aus der Analyse relevanter Variablen auszuschließen (vgl. ABKARIAN/ JONES/WEST 1992, JUHAZS u.a. 1993). An solche Kompetenzen wird angeknüpft, wenn es darum geht, interaktionsbezogene Strukturierungen von Aufgaben der Sprachheilpädagogik und Logopädie zu formulieren oder auch Spontanremissionen zu verstehen.

Die Perspektive der Interaktion ist neben der Ebene der Stigmatisierung und Aufgabenerfüllung noch in einen allgemein gesellschaftsstrukturellen Bezug zu setzen.

KNURA (1980) hat in ihrer Bestandsaufnahme folgende Aufgabenfelder der Berücksichtigung sozial-interaktionaler Aspekte benannt: "sozial bedingte Variationen sprachlicher Äußerungen in ihrer formalen und inhaltlichen Organisation", "soziale Wahrnehmung und Bedeutung von sprachlichen Äußerungen und ihre handlungsorientierende Wirkung," "Regeln und Bedingungen, von deren Gelingen und Mißlingen sprachliches Handeln in sozialen Situationen abhängt" und "Art und Weise der Rollenzuschreibung bei sprachlicher Beeinträchtigung durch die Gesellschaft und (über) das jeweilige Rollenverständnis des Sprachbehinderten selbst". (KNURA 1980, 11) Dieser Aufgabenkatalog beinhaltet zum einen die bisher diskutierte Perspektive direkter Interaktionsprobleme.

Insbesondere mit "sozial bedingte Variationen" sprachlicher Äußerungen, die empirisch gut belegt sind (HOHMEIER 1980, 578 ff), und mit der Problematik der Zuschreibung ist eine Dimension angesprochen, die man - etwas plakativ - als Makroperspektive bezeichnet. Die Funktion der Befunde zur gesellschaftlich abhängigen Variation sprachlicher Normen für die Interpretation der sozialen Situation von Personen mit Sprachbeeinträchtigungen ist hier zunächst zu diskutieren. Die Befunde der Variation sprachlicher Normen werden insbesondere als Hinweise auf die Relativität und damit ihre Willkürlichkeit ihrer Geltung interpretiert (HOHMEIER 1980,574 ff). Das gilt sowohl bezüglich der Bedeutung sprachlicher Normen im Vergleich verschiedener Kulturen wie auch in unterschiedlichen Schichten der gleichen Kultur.

Was bedeutet aber soziale Relativität von Normen interaktionslogisch? Aus der Interpretation des Bestehens von Normen als willkürlicher Setzung wird gefolgert, daß Sprachbeeinträchtigungen ebenso willkürlich von der Gesellschaft als Devianz betrachtet würde. Da das offensichtlich menschenverachtend und absurd ist, bleibt eine Kritik an dem Bestehen von sprachlichen Normen übrig. Sicherlich ist davon auszugehen, daß Normen in verschiedenen Kulturen und in verschiedenen Schichten unterschiedlich strukturiert sind und unterschiedliche Inhalte haben. Andererseits läßt sich daraus nicht folgern, daß Normen als solche keine Gültigkeit haben und "nur" als willkürliche Setzungen zu betrachten sind. Die Verwendung von Normen kann man als einen Prozeß ansehen, von dem keine Gesellschaft und keine Schicht frei ist. Normalisierung und Integration werden oft als herzustellende Selbstverständlichkeiten angesehen. Aber gerade diese "Selbstverständlichkeit" ist nur dann eine Selbstverständlichkeit, wenn man auf einen (ungesellschaftlichen) Begriff "natürlicher" Interaktion zurückgreift. Interaktionen, auch die Interaktionen von Kindern, befinden sich nicht im Zustand der gesellschaftlichen Unschuld, selbst wenn Kinder noch nicht oder weniger ausgrenzend interagieren, sondern entwickeln sich in einem historischen Prozeß. Darüber hinaus muß man auch davon ausgehen, daß kulturspezifische und schichtspezifische Normen innerhalb der jeweiligen Kultur und Schicht einen Grad an Verbindlichkeit haben, der nicht durch Willkürunterstellung eskamotiert werden kann. Erforderlich ist auf jeden Fall, daß die Normen von den Beteiligten übernommen werden. Dieser Übernahmeprozeß kann nie als vollständig geglückt betrachtet werden, sondern als "Chance" der Verbindlichkeit, der z. B. an Legitimitätszuordnungen gebunden ist (WEBER 1954, 24, 26).

Sekundär, aber nicht unwichtig, ist die Frage, ob es universell menschliche Normen gibt. Menschenrechte gelten als universelle Verbindlichkeiten. Andererseits können wir davor nicht die Augen verschließen, daß es politische Kulturen gibt, die religiöse oder parteipolitische Orientierungen über Menschenrechte setzen. Selbst also der abstrakteste gemeinsame Nenner einer normativen Verbindlichkeit, der für uns in unserer Kultur einen von fast allen Mitgliedern der Kultur, und insb. fast aller Pädagogen akzeptierten sicheren Bezug darstellt, ist nicht aus der sozialen Kontroversibilität herauszulösen.

Mary DOUGLAS (1974) hat versucht, im Anschluß an DURKHEIM und BERNSTEIN (der sich seinerseits neben DURKHEIM auch auf MARX bezieht; BERNSTEIN 1971, 1975) sich dem Problem der universellen Gültigkeit von Normen und Sprachlichkeit zu nähern. Ihre Fragestellung richtete sich auf die Überlegung, ob es so etwas wie "natürliche Symbole" gibt. (Eine mögliche Zirkularität ihrer Überlegungen deuten sich schon in dieser Begriffszusammenstellung an (vgl. OEVERMANN 1972, 329 ff). Ihre partielle Antwort bestand darin, ein Schema zu entwickeln, innerhalb dessen die Fragestellung zu diskutieren ist. Dieses Schema besteht aus den beiden Achsen "Klassifikation" und "soziale Kontrolle". Der Zusammenhang zwischen Sprache und Gesellschaftlichkeit hat hier somit eine spezifische Modifizierung gefunden und ist in einer Konstellation aufeinander bezogen. Sprachlichkeit wird hier als gesellschaftliche Kodierung, als Klassifikationsgitter gesehen.

Wenn soziale Kontrolle und soziale Codes nicht als eine Dimension aufzufassen sind, ist auf dieser allgemeinen Ebene das Problem der sprachlichen Beeinträchtigung auch nicht einfach in die Achse Anpassung-Devianz einzuordnen. Darüber hinaus aber zeigt sich Sprachlichkeit insgesamt mit dem Prozeß der Gesellschaftlichkeit so stark verbunden, daß eine Gesellschaft, die so strukturiert wäre, daß Sprachbeeinträchtigung als Strukturelement entmarginalisiert wäre, für uns als Teilnehmer an diesem Sprachlichkeits-Gesellschaftlichkeitsprozeß unvorstellbare und vielleicht auch interaktiv nicht einlösbare Elemente beinhalten würde.

Integrativ arbeitende Sprachheiltherapie und Sprachheilpädagogik muß also sowohl in ihren Konzeptionen wie in ihren Begriffsbildungen die interaktive Verankerung von Sprachbeeinträchtigungen berücksichtigen. Das bedeutet zum einen, den Prozeß der bedrohten Akzeptanz (Stigmatisierung) zu analysieren, zum zweiten den sozialen Prozeß der begrenzten Erfüllbarkeit von Aufgaben einzubeziehen und darüber hinaus das Wechselverhältnis von Akzeptanz und Aufgabenerfüllung im Zusammenhang der Entwicklung von Sprachlichkeit und Gesellschaftlichkeit und unseren Begreifens dieses Prozesses ernst zu nehmen.

Literatur:

ABKARIAN, G.G, JONES, A., WEST, G.: "Young Children's Idiom Comprehension. Trying to Get the Picture". Journal of Speech and Hearing Research 35 (1992), 580-587.

BERNSTEIN, B.: Class, Codes and Control, vol 1, vol 3. London (Routledge & Kegan Paul) 1971,1975.
BRAUN, O.: "Psychologie des Unterrichtens und Erziehens in der Sprachbehindertenschule". In KNURA, G./NEUMANN, B.: Pädagogik der Sprachbehinderten. Bd. 7. des Handbuch der Sonderpädagogik. Berlin 1980
BRAUN, O.: "Sprech- und Sprachhemmungen. Ein interdisziplinäres Problem- und Arbeitsfeld. In ALLHOFF, D.: Sprechen Lehren, Reden Lernen. München 1987.
BRECKOW, J.: "Lebensproblemzentrierte Kommunikationsförderung - Verbindung von theoretischer Grundlegung und Realisierungsmöglichkeiten. Sprachheilarbeit 36 (1991), 52-61.
DOUGLAS, M.: Ritual, Tabu und Körpersymbolik. Frankfurt 1974.
GOFFMAN, E.: Frame Analysis (Harper & Row), New York 1974
GOFFMAN, E.: Forms of Talk (University of Pennsylvania Press) Philadelphia 1981
GOFFMAN, E.: Stigma. Über Techniken der Bewältigung beschädigter Identität. Frankfurt 1967.
HOHMEIER, J.: "Soziologie der Sprachbehinderten". In KNURA, G./NEUMANN, B.: Pädagogik der Sprachbehinderten. Bd. 7. des Handbuch der Sonderpädagogik. Berlin 1980
JONES, R. (Hg.): Attitudes and Attitude Change in Special Education: Theory and Practice. Reston, VA (ERIC) 1985
JUHASZ, S., GASCO-FEKETE, M.; LAJOS, P.,RUDAS,Z.: "Die Ritualinnovative Therapie (RIT) und deren Verwendung in der Behandlung stotterder Erwachsener und Kinder. Logopädie 16 (1993), 24-41.
KLINGMÜLLER, B.: "Stigma" als Perspektive. Phil. Diss, Berlin 1990.
KNURA, G.: Grundfragen der Sprachbehindertenpädagogik. In: KNURA, G./NEUMANN, B.: Pädagogik der Sprachbehinderten. Bd. 7. des Handbuch der Sonderpädagogik. Berlin 1980.
KNURA, G./NEUMANN, B.: Pädagogik der Sprachbehinderten. Bd. 7. des Handbuch der Sonderpädagogik. Berlin 1980
OEVERMANN, U.: Sprache und soziale Herkunft. Frankfurt 1972.
PARSONS, T.: The Social System. New York (Free Press) 1950.
SCHÄFER, B./SIX, B.: Sozialpsychologie des Vorurteils. Stuttgart 1978.
WEBER, M.: Wirtschaft und Gesellschaft. Tübingen 1954

***

Dr. Bernhard Klingmüller, Freie Universität Berlin

Tatjana Kolberg
Integration der Ausbildung Sprachbehindertenpädagogik Ost - West

Auf der Suche nach einer Verbindung von Integration und der inzwischen langjährigen Zusammenarbeit zwischen Prof. Otto Braun von der Freien Universität Berlin (seit dem Wintersemester 1994/95 an der Humboldt-Universität zu Berlin) und der Martin-Luther-Universität Halle-Wittenberg, Fachbereich Erziehungswissenschaften, Institut für Rehabilitationspädagogik, konnte ich fündig werden. Der Begriff Integration wird im allgemeinen so definiert, daß ein Zusammenschluß von Teilen zu einem Ganzen eine neue Qualität aufweist. Daß jenes am Institut für Rehabilitationspädagogik in der Fachrichtung Sprachbehindertenpädagogik an der Martin-Luther-Universität (MLU) Halle passiert und ganz aktuell ist, wird Prof. Braun zu Ehren und in großer Dankbarkeit in kurzer historischer Folge festgeschrieben.

Einrichtung der Fachrichtung Sprachbehindertenpädagogik

Das gesamte gesellschaftliche Makro- und Mikrosystem der DDR wird nach der Wende in unvorhergesehene neue und völlig andere Bedingungen gepreßt. Kaum ein Bürger der DDR kann ahnen, was auf ihn zukommt. Überall herrscht Unsicherheit, so auch an den universitären Ausbildungsstätten.

Zur Zeit der Wende werden an der Universität Halle-Wittenberg am Fachbereich Erziehungswissenschaften nach alter Tradition Hilfsschulpädagogen ausgebildet. Das Ausbildungscurriculum ist breit gefächert. Die Studenten, die bereits über einen pädagogischen Abschluß als Vorschulerzieher, Erzieher oder Lehrer (Unter- oder Oberstufe) verfügen, schließen ihr zweijähriges Studium mit einem Diplom ab. Nach Studienende ist ihnen ein Arbeitsplatz an der Delegationsschule oder der Vorschuleinrichtung in der Sonderschule sicher.
Das Ausbildungskontinuum wird wesentlich durch die Studienanteile „Grundlagen der Sprachheilkunde" und „Didaktik und Methodik der Behandlung von Sprachstörungen" geprägt. Soweit zum Verständnis für folgende Ereignisse.

Da der Begriff Anpassung besonders - aber ganz anders als in früherer Zeit - aktuell wird, informieren sich die meisten Kolleginnen und Kollegen über Ausbildungsformen und -inhalte in den sogenannten alten Bundesländern. Es folgt ganz logisch der zweite Schritt. Veränderung - Anpassung. Noch in dem guten Glauben, Bewährtes auf dem Weg mitnehmen zu können, werden vorläufige Prüfungs- und Studienordnungen entworfen und wieder verworfen. Am Institut für Rehabilitationspädagogik der MLU Halle markieren sich die Zeichen der Wende in dem Bemühen, das Ausbildungsspektrum zu erweitern, den Studenten die Möglichkeit zu geben, in zwei gleichwertigen Fachrichtungen studieren zu können.

Im Wintersemester 1991 wird am Institut ein Konzept zur Lehramtsausbildung in fünf Fachrichtungen erarbeitet. Später folgen die Papiere für den Diplom- und den Magisterstudiengang.

1992 verabschiedet das Ministerium für Wissenschaft und Ausbildung in Sachsen-Anhalt die vorläufige Studien- und Prüfungsordnung für das Lehramt an Sonderschulen. Am Institut für Rehabilitationspädagogik sollen fünf Fachrichtungen etabliert werden:

1. Lernbehindertenpädagogik
2. Sprachbehindertenpädagogik
3. Geistigbehindertenpädagogik
4. Verhaltensgestörtenpädagogik
5. Körperbehindertenpädagogik

Die Anzahl der Mitarbeiter hat sich aus unterschiedlichen Gründen minimiert, die Anzahl der Fachrichtungen expandiert. Die Kollegen am Institut sind überwiegend Hilfsschulpädagogen. Im Institut werden Ausbildungskonzepte für die einzelnen Fachrichtungen nach dem Vorbild aus den alten Bundesländern erarbeitet. Die Studenten warten mit Ungeduld auf eine vollständige personelle Ausstattung in den Fachrichtungen. Es gelingt nicht, alle Lücken zu schließen. Mehr als 50% der zur Zeit Studierenden am Institut entscheiden sich für die Fachrichtung Sprachbehindertenpädagogik. Die Ausbildung wird außer in den medizinischen Vorlesungsreihen von einer Mitarbeiterin des Instituts durchgeführt.

Der Beginn der Integration

Da die neuen universitären MitarbeiterInnen, die in der Fachrichtung Sprachbehindertenpädagogik tätig sind, schon 1990 zur Dozentenkonferenz nach Ludwigsfelde bei Berlin geladen werden, öffnen sich Kontakte zu Kollegen aus anderen deutschen Studieneinrichtungen. Besonders durch die Unterstützung von Prof. Dr. Grohnfeldt aus Köln, der als beratender Ansprechpartner fernmündlich kooperativ ist und Interesse an der Entwicklung der Fachrichtung Sprachbehindertenpädagogik zeigt, unterstützt er uns maßgeblich nach einem Hilferuf auf Lehrunterstützung durch eine Bitte, die er an Prof. Braun richtet. Noch im gleichen Semester - im Frühjahr 1992 - entschließt sich Prof. Braun, einen Lehrauftrag an der Martin-Luther-Universität Halle-Wittenberg anzunehmen.

Die Integration wird vollzogen

Im Sommersemester lehrt er als erster Professor aus den alten Bundesländern am Institut für Rehabilitationspädagogik der MLU in der Fachrichtung Sprachbehindertenpädagogik. Die anfängliche Neugier auf den 'Westprofessor' verfliegt schnell. Es kommt kein Besserwisser zu uns, sondern ein Mitstreiter. Mit der ihm eigenen Fachkompetenz, der studentenfreundlichen themenkritischen Lehrmethode, seiner Toleranz gegenüber Andersdenkenden und sich in der Entwicklung befindenden gesellschaftlichen Gegebenheiten entsteht sehr schnell eine gesunde Studienatmosphäre. Soweit es seine objektiven und subjektiven Möglichkeiten zulassen, unterstützt er den Aufbau der Fachrichtung. Als Fachmann und Berater wird er in der Fachrichtung bald unentbehrlich. Während des Würzburger Kongresses im Herbst 1992 werden die Fachrichtungsausbildungspläne besprochen und modifiziert. Prof. Braun erklärt sich wieder für ein Semester bereit, Aufbauhilfe zu leisten. Seine Lehraufträge und damit zugleich der Arbeitsaufwand erweitern sich.

Im Sommersemester 1993 verlassen die ersten Studenten das Institut und gehen in die zweite Ausbildungsphase. Bei voller Tätigkeit in Berlin teilt Prof. Braun mit der Hallenser Kollegin alle Prüfungsaufgaben.

Da die Professuren der oben genannten fünf Fachrichtungen ausgeschrieben werden, bittet der Aufbauprofessor des Instituts, Prof. Dr. F. Klein, Prof. Braun, in der Berufungskommisssion tätig zu werden. Er nimmt an. Die Berufung gelingt tatsächlich in vier Fachrichtungen. Die ausgeschriebene C3-Stelle für Sprachbehindertenpädagogik bleibt unbesetzt. Es erfolgt eine Neuausschreibung im Wintersemester 1994/95.

Die Anzahl der Matrikel steigt und somit auch der Umfang der Lehrverpflichtungen in den Fachrichtungen. Im Wintersemester 1993/94 übernimmt Dr. Deuse aus Bremen eine halbe Vertretungsprofessur neben Prof. Braun. Im Sommersemester 1994 wird Dr. habil. Blanken aus Freiburg für ein Semester Vertretungsprofessor. Prof. Braun führt seine Lehrtätigkeit im Rahmen eines Lehrauftrages weiter aus. Das nächste Matrikel schließt inzwischen seine Lehramtsausbildung mit der 1. Staatsprüfung unter unserer gemeinsamen Regie am Institut für Rehabilitationspädagogik an der Martin-Luther-Universität-Halle-Wittenberg ab.

Der Zusammenschluß von Ost und West in Form der Ausbildungs-Integration brachte für die Studenten, für die Universität in Halle eine neue, eine höhere Studienqualität.

Wie im Jahr 1928 Professor H. Gutzmann jun. aus Berlin kam, um im Heilpädagogischen Studienjahr Vorlesungen über Sprachstörungen zu halten, kommt 1992 Prof. Braun aus Berlin, um die Fachrichtung Sprachbehindertenpädagogik an der Universität im Aufbau zu unterstützen. Ein Zufall?

Übersicht über das vorläufige Curriculum des Studienganges Sprachbehindertenpädagogik:

Grundlagen	Pädagogik der Fachrichtung Sprachbehindertenpädagogik	Didaktik der Fachrichtung Sprachbehindertenpädagogik
Fachrichtungsübergreifend		
Grundstudium		
Kommunikationswissenschaftliche und linguistische Grundlagen der pädagogisch-therapeutischen Behandlung von Sprachstörungen 2 SWS (WS)	Einführung in die Sprachbehindertenpädagogik 2 SWS (WS)	Einführung in die Didaktik der Sprachbehinderten 1 SWS (SS / WS)
Sprachentwicklung des Kindes 1 SWS (SS)	Historische Entwicklung sprachtherapeutischer Maßnahmen von der Antike bis zur Gegenwart - ein Abriß 1 SWS (SS)	Einführung in den Lese- und Schreiblernprozeß bei Sprachbehinderten 2 SWS (SS)
Erscheinungsformen, Ursachen und Folgen von Sprachstörungen 2 SWS (SS)	Mehrdimensionale pädagogisch-therapeutische Förderkonzepte bei Störungen der Sprachentwicklung 2 SWS (SS)	
Fachrichtungsspezifisch		
Einführung in die Phonetik aus sprachtherapeutischer Sicht 1 SWS (SS)		

Medizinische Grundlagen	Pädagogik der Fachrichtung Sprachbehindertenpädagogik	Didaktik der Fachrichtung Sprachbehindertenpädagogik
Fachrichtungsspezifisch		
Hauptstudium		
Phoniatrie und Pädaudiologie 2 SWS (SS)	Konzepte der Erziehung und Therapie Sprachbehinderter 2 SWS (WS)	Sprachtherapeutische Interventionen bei phonetischen und phonologischen Störungen 2 SWS (WS)
Kieferorthopädie 1 SWS (SS)	Pädagogische Förderung bei Mehrfachbehinderung 2 SWS	Sprachtherapeutische Interventionen bei semantischen Störungen 2 SWS (WS)
	Sprachstörungen bei Mehrsprachigkeit - pädagogische Maßnahmen 1 SWS	Sprachtherapeutische Interventionen bei morphologischen und syntaktischen Störungen 2 SWS (SS)
		Theorie und Praxis der Stimmtherapie 2 SWS (SS)
		Redeflußstörungen I: Therapeutische Konzepte und Methoden 2 SWS (SS)
		Redeflußstörungen II: Theorie-Praxis-Seminar 2 SWS (WS)
		Diagnostik und Therapie organisch bedingter Sprachstörungen bei Kindern und Jugendlichen 2 SWS (WS)
		Didaktisches Seminar zur Schulpraxis 2 SWS (SS / WS)

Psychologie der Fachrichtung	Wahlpflichtfach zur Auswahl	Praktika
Fachrichtungsübergreifend		
Grundstudium		
Einführung in die Psychologie der Sprachbehinderten 2 SWS (WS)		*Orientierungspraktikum* 4 Wochen vor Studienbeginn 2 Wochen zwischen dem 1. und 2. Semester
		Sozialpraktikum 2 Wochen im Grundstudium

Psychologie der Fachrichtung	Wahlpflichtfach zur Auswahl	Praktika
Fachrichtungsübergreifend		
Hauptstudium		
Beratung und Organisation sprachtherapeutischer Maßnahmen 1 SWS (WS)	Rhythmisch-musikalische Erziehung bei Sprachbehinderten 2 SWS	***Studienbegleitendes Praktikum*** im 5. bzw. 6. Semester 2 SWS (SS / WS)
Förderdiagnostik und Gutachtenerstellung 2 SWS (SS)	Pädagogische Frühförderung 2 SWS	***Schulpraktikum*** Ende 5. bzw. Ende 6. Semester 2 SWS (SS / WS)
	Familien- und Spieltherapie 2 SWS	

***

Tatjana Kolberg, Diplompädagogin, Lehrerin für Sprach- und Stimmgestörte, tätig als wissenschaftl. Mitarbeiterin an der Martin-Luther-Universität Halle/Saale

Roswitha Romonath

Elisabeth Prüser

Zur integrativen sprachtherapeutischen Förderung kommunikationsgestörter Kinder und Jugendlicher im Schulsystem der USA

Vortrag, gehalten auf der XXI. Arbeits- und Fortbildungstagung der Deutschen Gesellschaft für Sprachheilpädagogik e.V. vom 6.- 8. Oktober 1994 in Hamburg

Die gegenwärtige Situation der Sprachheilpädagogik ist geprägt durch Diskussionen um neue inhaltliche, organisatorische und institutionelle Wege in der Betreuung sprachbehinderter Kinder. Fragen nach der Legitimation der Sprachheilschule und den Möglichkeiten und Bedingungen einer Ausweitung sprachheilpädagogischer Arbeit in der Regelschule sind gestellt. Ein Blick über die Landesgrenzen hinaus in die Vereinigten Staaten dürfte daher zur Erweiterung der eigenen Perspektive dienlich sein. Denn das Anliegen, sprachbehinderte Kinder und Jugendlicher angemessen zu fördern und zugleich gemeinsam mit nichtbehinderten Gleichaltrigen zu erziehen, ist in beiden Ländern übereinstimmend.

Während in der Bundesrepublik Deutschland auch heute noch die Sprachheilschule der zentrale Ort sprachheilpädagogischer Arbeit ist und sich die Betreuung sprachbehinderter Kinder in der Regelschule nur langsam etabliert, können die Vereinigten Staaten auf eine lange Tradition integrativer sprachtherapeutischer Praxis verweisen.

Für ein angemessenes Verständnis ist dabei zu berücksichtigen, daß die sprachtherapeutische Versorgung von Kindern im Schulalter zwar als pädagogisches Modell ausgewiesen ist. Die Sprachtherapie im engeren Sinne hat sich aber in den USA seit ihren Anfängen als eigenständiges professionelles Aufgabenfeld konstituiert. Nicht Lehrer, sondern Sprech- und Sprachpathologen arbeiten in diesem Bereich.

Die in den USA gewonnenen Erfahrungen lassen sich daher nicht unmittelbar übertragen, sondern müssen neben den erwähnten systemischen Gründen im Kontext historischer, kultureller und gesellschaftlicher Bedingungen relativiert werden. Dennoch können sie, so meinen wir, zur Schärfung des Problembewußtseins beitragen und neue Impulse bei der Suche nach Lösungswegen geben.

Es ist aber zu berücksichtigen, daß der im folgenden vorgenommenen Skizzierung von sprachtherapeutischen Systemmerkmalen und Praktiken in den USA aufgrund selektiver Wahrnehmung Grenzen gesetzt sind, obwohl sie - wie in unserem Fall - auf vielfältigen Informationsquellen, darunter einem Studienaufenthalt, Literaturrecherchen und engem Erfahrungsaustausch mit Kollegen beruht. Sie kann daher nur "Ausschnitte der Wirklichkeit" widerspiegeln, die "nur bedingt generalisiert und objektiviert" (SPECK 1991, 331) werden können. Auch die unterschiedliche Begrifflichkeit läßt Vergleiche nur eingeschränkt zu. Trotz dieser Vorbehalte wird in den folgenden Ausführungen der Versuch unternommen, einige uns wesentliche Aspekte der Betreuung sprachbehinderter Schüler in den USA zu charakterisieren und sie abschließend in Beziehung zu deutschen Verhältnissen zu setzen.

1. Historische Entwicklung

Wie bereits erwähnt, weist die sprachtherapeutische Betreuung kommunikationsgestörter Kinder im Rahmen der Schule in den Vereinigten Staaten eine lange Tradition auf. Bereits zu Beginn dieses Jahrhunderts drangen Eltern, ebenso Fachleute, die sich mit dem Phänomen von Sprachstörungen beschäftigten, auf eine korrektive Behandlung in öffentlichen Schulen, um den Lernerfolg sprachauffälliger Kinder sicherzustellen. Erste Erhebungen über die Verbreitung von Sprachbeeinträchtigungen, häufig noch undifferenziert unter dem Begriff "Stammeln" zusammengefaßt, wurden in den Schulen von New York (1909) und Chicago (1910) durchgeführt (NEIDECKER 1983,2). Die Ergebnisse zeigten, daß eine nicht unerhebliche Zahl von Kindern von Sprachstörungen betroffen war. Dies hatte zur Folge, daß erste Programme zur sprachtherapeutischen Intervention in einem primär physiologischen Verständnis als "Sprachkorrektur" bezeichnet, initiiert wurden. Ihre Durchführung übernahmen zuerst Lehrer, die eine zusätzliche Ausbildung erhielten (MOORE & KESTER 1953 in NEIDECKER 1983). In den folgenden zwei Jahrzehnten wurden in weiteren Großstädten Programme zur Sprachkorrektur, die auch hörgeschädigte Kinder einschlossen (speech and hearing programs), eingerichtet. Bundesstaatliche Gesetze zur Absicherung der finanziellen Ressourcen und zur Gewährleistung eines Qualitätsstandards folgten nach. Einzelne Bundesstaaten hatten bereits bis Ende der 40er Jahre einen differenzierten Organisationsplan zur Betreuung sprachgestörter Kinder entwickelt, der Einzelaspekte wie Diagnostik, Planung von Einzel- und Gruppentherapiesitzungen, Therapieräume und Therapieausstattung, Eltern- und Lehrertraining, Ferientherapiekurse einschloß.

Die Einrichtung und Ausweitung von Sprachtherapie- und Sprachförderprogrammen in Schulen sowie auch in klinischen Institutionen und die damit verbundenen Erfordernisse einer professionellen Qualifikation führten zur Entwicklung eines eigenständigen Berufsbildes. Bezeichneten sich die ersten Sprachtherapeuten noch als "speech correctionist" und in Schulen auch "speech teacher", so lautet heute ihre von der Berufsorganisation (American Speech-Language-Hearing Association [ASHA]) festgelegte offizielle Berufsbezeichnung "speech-language-pathologist" (NEIDECKER 1983,12). Diese Umbenennung ging einher mit einem konzeptuell veränderten und erweiterten professionellen Verständnis, das geprägt ist durch die Interpretation von Sprech- und Sprachstörungen als Kommunikationsstörung. Als Spezialist für Kommunikationsstörungen leistet der "speech-language-pathologist" heute in interdisziplinärer Zusammenarbeit mit anderen Fachkräften durch Beratung, Prävention, Kooperation, Behandlung und Nachsorge einen Beitrag zur Betreuung von sprech- und sprachbeeinträchtigten Menschen unabhängig von ihrer primären Behinderung. Verstärkt durch sonderpädagogische Vorstellungen einer gemeinsamen Erziehung behinderter und nichtbehinderter Kinder und Jugendlicher betraf dieser Wandel besonders die Sprachtherapeuten in den Schulen, die heute einen Anteil von über 50 % der in der Asha organisierten Mitglieder stellen (BRETT 1994).

Das erste universitäre Ausbildungsprogramm für Sprech- und Sprachstörungen wurde bereits Anfang der 20er Jahre an der Universität Wisconsin eingerichtet. Damit wurde ein zentraler Impuls für die Entwicklung der Sprech- und Sprachpathologie in Abgrenzung zu ihren Nachbardisziplinen Medizin, Psychologie, Linguistik, Psycholinguistik und Pädagogik als eigenständige Wissenschaftsdisziplin gegeben. Es bildeten sich eigenständige Forschungsprogramme und -methoden heraus, deren verhaltenswissenschaftliches Erkenntnisinteresse auf die gestörte verbale und nonverbale Kommunikation und deren Modifikation gerichtet waren. Sie schließen alle Altersgruppen und Störungsphänome ein. In ihrer praktischen Anwendung umfaßt die Sprech- und Sprachpathologie alle institutionellen Formen sprachtherapeutischer Versorgung. Im Bereich der Schule wurde aber zunehmend deutlich, daß zusätzliche pädagogische Kenntnisse notwendig sind, um in Kooperation mit anderen Fachkräften den speziellen Bedürfnissen kommunikationsgestörter Kinder und Jugendlicher entsprechen zu können. In einigen Bundesstaaten ist heute daher eine erzieherische Zusatzqualifikation für die Tätigkeit als Sprech- und Sprachpathologe in Schulen gefordert.

Bis Anfang der 70er Jahre hatte sich bereits ein differenziertes, aber nicht flächendeckendes System der Versorgung sprachbehinderter Kinder und Jugendlicher etabliert. Aber erst durch eine neue Gesetzesregelung, die einer Verbesserung der Versorgung aller behinderter Kinder und Jugendlicher dienen sollte, wurden intensive bildungspolitische Anstrengungen unternommen, um eine umfassende qualifizierte Betreuung für alle sprachbehinderten Kinder und Jugendlichen regional unabhängig sicherzustellen.

2. Allgemeine gesetzliche Grundlagen

Obwohl die amerikanische Sonderpädagogik in den 60er und in den frühen 70er Jahren eine stürmische Entwicklung nahm (OPP 1993), war die schulische Chancengleichheit und Gleichberechtigung behinderter Kinder und Jugendlicher nicht annähernd realisiert. Von ca. acht Millionen Betroffenen wurde die Majorität nicht adäquat versorgt, und etwa 1 Million Schwerstbehinderte waren gänzlich von einer Erziehung mit Gleichaltrigen ausgeschlossen. Als Folge der gesellschaftlichen Diskussion um die Rechte dieser Kinder und durch Gerichtsprozesse, in denen betroffene Eltern Bürgerrechte auch für ihre behinderten Kinder einklagten (NEIDECKER 1983, OPP 1993), wurde 1975 eine einheitliche Rechtsgrundlage für die Erziehung aller behinderten Kinder und Jugendlichen im Alter von 6 - 21 Jahre vom amerikanischen Kongreß verabschiedet: The Education of All Handicapped Children Act (EHA), Public Law (P.L.) 94-142. Die mit diesem Gesetz verbundenen Bestimmungen und Ausführungsvorschriften sollten eine "freie angemessene öffentliche Erziehung" (free appropriate public education) für alle Kinder mit Behinderungen sicherstellen (NELSON 1993b). Die Zielsetzung des Gesetzes betreffen folgende Verbesserungen in der Versorgung (Illinois State Board of Education 1992, OPP 1993):

Finanzierung
Die Bundesregierung verpflichtet sich, den Bundesstaaten, die für die Realisierung von kostenfreien und individuell angemessenen Erziehungsangeboten zuständig sind, finanzielle Mittel zur Unterstützung zukommen zu lassen.

Beteiligung der Eltern
Die Eltern werden am Prozeß der speziellen Erziehung beteiligt. Sie erhalten zur Wahrung der Interessen ihrer Kinder bei der Festlegung und Umsetzung spezieller Erziehungshilfen ein umfassendes Anhörungs- und Einspruchsrecht. Dieses schließt die Einsicht in die sonderpädagogischen Akten, die Feststellung des individuellen sonderpädagogischen Erziehungsbedarfs, die Hinzuziehung eines externen Gutachters, die schriftliche Zustimmung zur

Plazierung und zum individuellen Erziehungsprogramm (IEP) sowie die schriftliche Benachrichtigung über Veränderung der individuellen Erziehungsmaßnahmen ein. Ablehnung und Einsprüche der Eltern müssen in einem festgelegten abgestuften Verfahren behandelt werden. Können die Konflikte nicht beigelegt werden, steht den Eltern der kostenlose Klageweg offen. Dieses betrifft auch die inhaltliche Umsetzung des speziellen Erziehungsprogramms.

Individueller Erziehungsplan
Ausgehend von den in interdisziplinärer Zusammenarbeit festgestellten Erziehungsbedürfnissen wird für jedes behinderte Kind ein individueller Erziehungsplan (IEP) erstellt. Das beinhaltet die schriftliche Fixierung der Ausgangslage des Schülers, der langfristigen sowie kurzfristigen Erziehungs- und Förderziele und einzelner didaktisch-therapeutischer Maßnahmen sowie die Festlegung von zusätzlichen Hilfen und des Lernumfeldes für die Realisierung der Erziehungsmaßnahmen.

Recht auf Erziehung in der am "wenigsten einschränkenden Umgebung"
Das Gesetz gebietet, daß behinderte Kinder soweit wie möglich gemeinsam mit nicht behinderten Kindern erzogen und unterrichtet werden. Eine Plazierung außerhalb der Regelklasse und des normalen Erziehungsumfeldes in Sonderschulen oder Sonderklassen ist nur gerechtfertigt, wenn die Art und der Grad der Behinderung keine angemessene Lernförderung in der Regelschule trotz spezieller Hilfen zuläßt.

Das Recht des behinderten Kindes auf angemessene Erziehung beinhaltet neben speziellen erzieherischen Maßnahmen auch andere entwicklungsfördernde und therapeutische Leistungen. Zu diesen zusätzlichen Hilfen (related services) gehört neben z.B. ergotherapeutischen, psychologischen, medizinischen und anderen Leistungen auch die Sprachtherapie. Sie wird aber nur dann gewährt, wenn die schulischen Möglichkeiten zur Entfaltung eines Kindes durch eine Sprachstörung eingeschränkt werden.

Obwohl die Umsetzung des Gesetzes in die Praxis hohe finanzielle Aufwendungen mit steigender Tendenz von seiten der Bundesstaaten und der Bundesregierung erforderlich machte und es in diesem Zusammenhang Befürchtungen gab, daß aufgrund der ökonomischen Krise eine Einschränkung der gewährten Rechte erfolgen könnte, wurde 1991 eine überarbeitete und ergänzte Fassung des Gesetzes vom amerikanischen Kongreß als "Individuals with Disabilities Education Act (IDEA), Public Law (P.L.) 102-119" verabschiedet. Neben der Erweiterung und Präzisierung einzelner gesetzlicher Bestimmungen, so z.B. im Hinblick auf Sicherstellung professioneller Ressourcen, Verhaltensstörungen, Schwerstbehinderte und zusätzliche Leistungen, wurde der Begriff "handicapped children" aufgrund einer gesellschaftlich negativen Konnotation durch "individuals with disabilities" ersetzt (NELSON 1993a, BRETT 1994).

3. Das Prinzip "mainstreaming" und "full inclusion"

Die mit dem Public Law 94-142 verbundenen Vorgaben zur schulischen Förderung behinderter Kinder und Jugendlicher und die vielfältigen Probleme ihrer Umsetzung in die Praxis lösten eine intensive gesellschaftliche und professionelle Auseinandersetzung über die Möglichkeiten und die Angemessenheit gemeinsamer Erziehung aus, die auch heute noch andauert (vgl. DENO 1994, GALLERGHER 1994, MORSE 1994). Das Recht des behinderten Kindes auf Chancengleichheit und Nachteilsausgleich im allgemeinen Schulsystem wird dabei aber grundsätzlich anerkannt. Die Vorstellungen von "mainstreaming" führten zur Entwicklung regelschulbezogener innovativer Betreuungskonzepte, die die Auflösung vieler Sonderschulen und die Integration von Kindern auch mit schwersten Behinderungen in das Schulsystem zur Folge hatten.

Unter Berücksichtigung der Vielfältigkeit spezieller Lernbedürfnisse und der vom Gesetzgeber geforderten Orientierung an einer normalen Lernumgebung entstand ein abgestuftes System von Fördermodellen, die von Sonderpädagogen verantwortet wurden. Dabei kann eine zeitweilige Aufnahme in die Sondereinrichtung erfolgen, oder das Kind besucht seine Stammschule. Abhängig von den individuellen Lernvoraussetzungen findet dort eine überwiegende oder teilweise räumliche und zeitliche Integration in die Regelklasse statt. Dies kann sich auf Kernfächer, musische Fächer und/oder außerunterrichtliche Aktivitäten beziehen. Die sonderpädagogische Förderung wird in Spezialklassen oder stunden- bzw. tageweise in sog. "ressource rooms" durchgeführt. Bei einer überwiegenden Plazierung in der Regelklasse wird erwartet, daß der Schüler lernzielgleich, wenn auch mit Unterstützung, unterrichtet werden kann (BLOCK 1994).

Die zunehmende Kritik an der Realisierung der gesetzlichen Vorgaben durch im Endeffekt separierende Maßnahmen resultierte Ende der 80er Jahre in der Weiterentwicklung des "mainstreaming"-Konzeptes zu einer Programmatik der Vollintegration. Mit der Leitidee "full inclusion" oder "inclusive schooling" wird eine vorbehaltlose wohnortnahe gemeinsame Erziehung und Unterrichtung nichtbehinderter und behinderter Kinder unabhängig von der Art und dem Schweregrad der Beeinträchtigung verbunden. Diese Vorstellung schließt ein, daß die Separierung von Sonder- und Allgemeinpädagogik zugunsten einer Verschmelzung oder weniger radikal zu einer geteilten Verantwortung für alle Kinder aufgehoben wird (vgl. DENO 1994, GALLERGHER 1994, MACMILLAN et al. 1994). Spezielle Fördermaßnahmen und zusätzliche Hilfen werden in die Lernsituation der Regelklasse, die das behinderte Kind seinem Alter entsprechend besucht, eingebunden. Die kollegiale Zusammenarbeit von Allgemein- und Sonderpädagoge wird durch das wechselseitige Einbringen spezifischer Sichtweisen und Kenntnisse als potentielle Voraussetzung zur Veränderung allgemeiner schulischer Lernbedingungen angesehen.

Die Idee der Vollintegration findet nicht nur Befürworter, sondern stößt auch auf kritische Resonanz. Mit Skepsis werden die Bedingungen in der Regelschule und die schulpolitische Forderung nach einer Anhebung des Leistungsstandards gesehen, die sich kontraproduktiv für die Realisierung individueller Förderbedürfnisse auswirken könnten. Auch finanzielle Einschränkungen sowie die mangelnde Bereitschaft vieler Lehrer setzen, so argumentieren Kritiker, Grenzen für eine tatsächliche Vollintegration. Die besondere Verantwortung der Sonderpädagogik und ihre bisherigen Leistungen für die Sicherstellung eines kindzentrierten effizienten und individuell differenzierenden Systems spezieller Förderangebote werden daher betont (vgl. MORSE 1994, BATEMANN 1994).

Trotz dieser Vorbehalte läßt sich die weitere Entwicklung organisatorisch und inhaltlich innovativer Konzepte von "inclusive schooling" und ihrer Umsetzung in schulische Programme beobachten (BLOCK 1994, BRETT 1994, CALCULATOR & JORGENSEN 1994). Diese hier nachgezeichnete Entwicklungslinie spezieller Förderung läßt sich auch in der sprachtherapeutischen Betreuung von kommunikationsgestörten Kindern verfolgen, auch wenn sie keinen unmittelbaren Bestandteil dieses Zusammenhangs bildet.

4. Sprech- und sprachtherapeutische Hilfen in der Schule

Die mit dem Public Law 94-142 verbundenen gesetzgeberischen Absichten zur gemeinsamen Erziehung behinderter und nichtbehinderter Kinder und die damit verbundene sonderpädagogische Diskussion übten einen großen Einfluß, insbesondere auf die organisatorischen Formen der sprachtherapeutischen Hilfen in Schulen (speech-language-services in schools), aus. Aber auch die inhaltliche Weiterentwicklung der Sprech- und Sprachpathologie, beeinflußt durch ein um linguistische und psycholinguistische Erkenntnisse erweitertes kommunikationsorientiertes Sprachverständnis, setzte neue Akzente in der schulischen Diagnostik und Therapie von Sprachstörungen. Konzepte isolierter primär am Sprechablauf orientierter Intervention wurden abgelöst von ökologischen Therapiemodellen, die nicht den

Abbau einzelner Störungsphänomene, sondern die Verbesserung der verbalen und nonverbalen Kommunikationsfähigkeit unter Berücksichtigung ihrer sozialen und personalen Dimensionen intendieren. Die Förderung des sprachlichen Lernens erfolgt nun auch in der Regelklasse gemeinsam mit nicht behinderten Kindern im Kontext schulischer Prozesse und am schulischen Sprachgebrauch (school discourse) orientiert (vgl. NELSON 1989, WADLE 1991, FERGUSON 1991, FARBER et al. 1992, ASHA 33, 1991 [suppl. 5]).

4.1. Der Sprachbegriff als Kommunikationsbegriff

Das Sprachstörungsverständnis der amerikanischen Sprech- und Sprachpathologie war traditionell bis Anfang der 60er Jahre in Theorie und Praxis im wesentlichen geprägt durch eine medizinische Perspektive, die zu einer Konzentration auf die physiologischen Abläufe des Sprechens führte. Artikulations- und Stimmstörungen sowie Stottern standen im Mittelpunkt der therapeutischen Intervention bei Schulkindern. Wenig war bekannt über das Sprachsystem und den Sprachgebrauch sowie die Interaktion von sprachlichen Fähigkeiten mit curricularen und sozialen Erziehungsprozessen sowie anderen beeinträchtigenden Bedingungen (NELSON 1993b). Beeinflußt durch die Grammatiktheorie von Chomsky richtete sich bis Anfang der 70er Jahre die Aufmerksamkeit auf sprachstrukturelle Aspekte. Syntaktische und semantische Fähigkeiten der Sprachproduktion gewannen für die Einschätzung von kindlichen Sprachstörungen an Bedeutung. In den folgenden zwei Jahrzehnten wurde die Analyse sprachlicher Inhalts- und Formkomponenten durch phonologische Aspekte ergänzt. Das nun erweiterte Verständnis von lautsprachlichen insbesondere phonologischen und syntaktischen Fähigkeiten und Erkenntnisse über ihre Beziehung zu schriftsprachlichen Fähigkeiten führten zu einer differenzierten Beschreibung und Erklärung sprachlicher Kommunikationsprozesse. Ihre Bedeutung für die Aneignung von Wissen und Fertigkeiten und den damit verbundenen schulischen Erfolgen sprachgestörter Kinder rückte in das Bewußtsein der Sprachtherapeuten. Neben den primär psycholinguistischen Perspektiven hatten zunehmend sprachpragmatische Erkenntnisse Auswirkungen auf die Interpretation von Sprachstörungen. Sie führten zu einer ganzheitlichen Sprachbetrachtung (whole-language-approach, GOODMANN 1986) mit einer Integration von Inhalt, Form und Funktion sowie den Bedingungen des aktuellen Sprachgebrauchs. Die kommunikative Funktion von Sprache beim Sprechen, Verstehen, Lesen und Schreiben wie auch nonverbale Ausdrucksmittel im Umgang der Menschen miteinander in natürlichen Situationen wurden nun Gegenstand sprachpathologischer Überlegungen (vgl. HOFFMANN 1990, NORRIS & HOFFMANN 1990). Die Fähigkeit, Sprache mit unterschiedlichen Zielsetzungen in variierenden Situationen angemessen zu verwenden, und auch das Vermögen, eine Unterhaltung mitzugestalten und Texte zu strukturieren, wurden in ihrer Bedeutung für die soziale und personale Entwicklung sprachbeeinträchtiger Kinder und Jugendlicher gesehen (vgl. WORK et al. 1993, LARSON et al. 1993). Diese ökologisch integrative Perspektive schließt auch den familiären und soziokulturellen Hintergrund wie auch das individuelle kommunikative Milieu des Sprachbenutzers ein. Dieser gegenüber den Anfängen der Sprachpathologie nun erweiterte Sprachbegriff spiegelt sich in der von der ASHA (1983, 44) publizierten und von einem breiten Konsens getragenen Definition von Sprache wider. "Sprache ist ein komplexes und dynamisches System konventionalisierter Symbole, das auf verschiedene Art und Weise zum Denken und zur Kommunikation verwendet wird. Das gegenwärtige Verständnis von menschlicher Sprache beinhaltet, daß

- Sprache innerhalb eines spezifischen historischen, sozialen und kulturellen Kontextes sich entwickelt;
- Sprache, als regelgeleitetes Verhalten, sich durch wenigstens 5 Parameter (phonologische, morphologische, syntaktische, semantische und pragmatische) beschreiben läßt;
- Sprachlernen und Sprachgebrauch durch biologische, kognitive und psychosoziale Faktoren sowie Umgebungsbedingungen determiniert sind;
- die effektive Verwendung von Sprache zur Kommunikation ein breites Verständnis menschlicher Interaktion erfordert, einschließlich solcher damit verbundener Faktoren wie nonverbale Mittel, Motivation und soziokulturelle Rollen." (Dt. Übersetzung v. Verf.)

4.2. Sprech- und Sprachstörungen als Kommunikationsstörungen

Die Ausdifferenzierung des Sprachbegriffs führte auch zu einer Umorientierung in der Klassifikation von Sprachstörungen. Sprech- und Sprachstörungen sowie Hörstörungen werden nun als Kommunikationsstörung interpretiert. Besondere Aufmerksamkeit finden damit die bis dahin in Forschung und Praxis vernachlässigten pragmatischen Störungsphänomene, deren Auswirkungen für die schulische und soziale Entwicklung von Kindern und Jugendlichen nun Gegenstand von Untersuchungen sind.

In der amerikanischen Sprach- und Sprechpathologie gibt es wie überall keine einheitliche Kategorisierung von Störungsphänomenen. Generell wird auch in Zweifel gezogen, daß die Heterogenität von Kommunikationsstörungen eine eindeutige trennscharfe Klassifikation zuläßt. Sie ist aber gerade für den Schulbereich von übergeordneter Bedeutung, da kategoriale Annahmen die Basis für die Plazierung von Kindern in Förderprogrammen bilden (DENO 1994). Neben unterschiedlichen Klassifikationssystemen ist auch eine Vielfalt von Terminologien zur Bezeichnung von Sprachstörungen zu beobachten. Begriffe wie "speech and language disorders" (Störungen) oder "impairments" (Beeinträchtigungen) sind in der Literatur vorherrschend. Sie werden in einem verhaltenswissenschaftlichen Bezugsrahmen nicht ätiologisch, sondern deskriptiv zur Kennzeichnung abweichender kommunikativer Funktionen verstanden. Um innerhalb der in der ASHA organisierten Sprachpathologen ein terminologisches Basisverständnis herbeizuführen, hat der Berufsverband ASHA eine heute allgemein akzeptierte Definition von Kommunikationsstörungen (ASHA 35, 1993 [suppl. 10] 40-41) veröffentlicht. Sie differenziert nach **Sprech- und Sprachstörungen, Hörstörungen** und **zentralen auditiven Verarbeitungsstörungen**.

Allgemeine Kennzeichnung:
- beeinträchtigte Fähigkeit, verbale, nonverbale und graphische Symbole zu empfangen, zu übermitteln, zu verstehen
- beobachtbar im Prozeß des Hörens, der Sprache und/oder des Sprechens
- Schweregrad von leicht (**mild**) bis umfassend (**profound**)
- Merkmale isoliert oder kombiniert
- entwicklungsbedingt oder erworben
- primäre Behinderung oder sekundär zu anderen Behinderungsarten

Sprechstörung (speech disorder)
Beeinträchtigung der Artikulation, der Sprechflüssigkeit und/oder Stimme

Sprachstörung (language disorder)
Beeinträchtigtes Verständnis und/oder Gebrauch eines gesprochenen, geschriebenen und/oder anderen Sprachsymbols in bezug auf
(1) Form (Phonologie, Morphologie, Syntax)
(2) Inhalt (Semantik)
(3) Funktion in der Kommunikation (Pragmatik)

Hörstörung (hearing disorder)
Ergebnis einer geschädigten Aufnahmefähigkeit des Gehörsystems

Zentrale auditive Verarbeitungsstörung (central auditory processing disorder)
Defizite in der Informationsverarbeitung gehörter Signale, schließt perzeptuelle, kognitive und linguistische Funktionen ein. (Dt. Übers. v. Verf.)

4.3. Verbreitung von Sprachstörungen

Über die Verbreitung von Sprachstörungen im Schulalter läßt sich kein klares Bild gewinnen, da sich die offiziellen Angaben nur auf Kinder mit Sprachstörungen als primäre Behinderung beziehen, die im Rahmen des P.L.94 -142 bzw. P.L. 102 -119 und anderer bundesstaatlicher Programme von einer sprachtherapeutischen Förderung profitierten. Danach erhielten über 1,1 Millionen Kinder im Alter von 3 - 21 Jahren im Erhebungszeitraum der Schuljahre 1980-81 (1.166706 Kinder) und 1982-83 (1.134165 Kinder) eine Sprachtherapie. Das entspricht einem Anteil von über 2,4 % der gesamten Schülerpopulation und einem Anteil von 26 % aller behinderten Kinder in Fördermaßnahmen (NEIDECKER 1983). Nahezu identische Zahlen liegen auch für das Schuljahr 1991-92 vor (BRETT 1994). Obwohl die Zahl der Kinder mit sonderpädagogischem Erziehungsbedarf trotz insgesamt sinkender Schülerzahlen seit der Etablierung der Förderprogramme ständig zugenommen hat, bedeutet dies einen Rückgang von 6,6 % der geförderten sprachbehinderten Kinder.

Diese Verringerung geht einher mit der vom Gesetzgeber vorgegebenen Beschränkung der Sprachtherapie auf Kinder und Jugendliche mit mittleren bis umfassenden Sprachbeeinträchtigungen. Schließt man die nicht geförderten Kinder und Jugendlichen, die primär andere Behinderungsarten aufweisen, mit ein, so gehen Schätzungen dahin, daß faktisch 8 - 10 % der gesamten Schülerpopulation Auffälligkeiten im verbalen kommunikativen Verhalten aufweist (NEIDECKER 1983). Aufgrund der sozioökonomischen Krise der vergangenen Jahre, die für viele Kinder eine Verschlechterung der Lebensbedingungen mit sich brachte, und des bis zum Jahre 2000 prognostizierten Anstiegs der Schülerpopulation (BRETT 1994) wird eine weitere Zunahme des Bedarfs an sprachtherapeutischen Leistungen erwartet. Die veränderten Lebensbedingungen vieler Kinder, die gekennzeichnet sind durch Scheidungen, Trennungen, durch einen deutlichen Anstieg alleinerziehender Familien, Teenagermütter, Verbreitung des elterlichen Drogenkonsums, Armut sowie Vernachlässigung und Mißhandlungen (VINCENT & SALISBURY 1988 in OPP 1993) bilden Risikokonstellationen für die Entwicklung. Sie bieten keine hinreichende Ausgangssituation für eine angemessene Sprachförderung in der Familie. Aber auch die Zunahme bilingual aufwachsender Kinder - Schätzungen gehen davon aus, daß im Jahr 2000 wenigstens 1/3 der Population im Schulalter afrikanischer, spanischer, asiatischer und indianischer Herkunft ist - und die häufig daraus resultierenden Sprachentwicklungsstörungen erfordern geeignete sprachtherapeutische Unterstützungen (BRETT 1994). Von Pädagogen und Sprachtherapeuten wird aber bezweifelt, daß die dafür notwendigen finanziellen Mittel zur Umsetzung einer dem Prinzip der Inklusion verpflichteten sprachtherapeutischen Förderung in ausreichendem Maße von der Bundesregierung und den einzelnen Bundesstaaten zur Verfügung gestellt werden.

4.4. Der individuelle Erziehungsplan

Wie bereits erwähnt, ist die organisatorische und inhaltliche Erstellung des individuellen Erziehungsplanes (IEP) weitestgehend durch gesetzliche Vorgaben und einzelstaatliche Regelungen festgelegt. Am Beispiel des Staates Illinois soll dieses erläutert werden (Illinois, Maine Township Special Education Programm 1991-1994).
(siehe Abb. auf der nächsten Seite)

Die Überprüfung des Förderbedarfs erfolgt in einem interdisziplinären Team und muß folgende Aspekte umfassen:
- Feststellung der vorwiegend benutzten Sprache,
- Hörüberprüfung, nicht länger als 6 Monate zurückliegend,
- Überblick über den medizinischen Hintergrund und den derzeitigen Gesundheitszustand, Überblick uber die Schullaufbahn und den derzeitigen Leistungsstand,
- Feststellung des Sprech- und Sprachstatus,
- Persönliches Interview mit dem Schüler.

Diese Überprüfung muß innerhalb von 60 Tagen nach Schulbeginn erfolgt sein. Innerhalb dieser Zeit erfolgt auch die Einberufung der IEP-Konferenz, an der auch die Eltern teilnehmen. In dieser Sitzung wird festgestellt, ob eine Kommunikationsstörung vorliegt. Es erfolgt eine Einteilung nach Schweregraden der Störung, die die Grundlage für die Art und den Umfang der Fördermaßnahmen bildet. Die Einstufung erfolgt in 4 Kategorien:
MILD (leicht): Minimale Störung der Kommunikationsfähigkeit im schulischen Lernen und/oder anderen sozialen Situationen (bemerkt von wenigsten einem anderen vertrauten Zuhörer - das bedeutet Lehrer oder Eltern),
MODERATE (mittel): Einschränkungen der Kommuniktionsfähigkeit des Individuums im schulischen Lernen und/oder sozialen Situationen,
SEVERE (schwer): Beeinträchtigung der angemessenen Kommunikationsfähigkeit des Individuums. Auswirkungen auf schulisches Lernen und/oder soziale Situationen. Soziales Umfeld reagiert und/oder eigenes Störungsbewußtsein sichtbar,
PROFOUND (umfassend): Sprachstörung verhindert die angemessene Teilnahme des Individuums am schulischen Lernen und/oder sozialen Situationen.

Verlauf der sprachtherapeutischen Versorgung

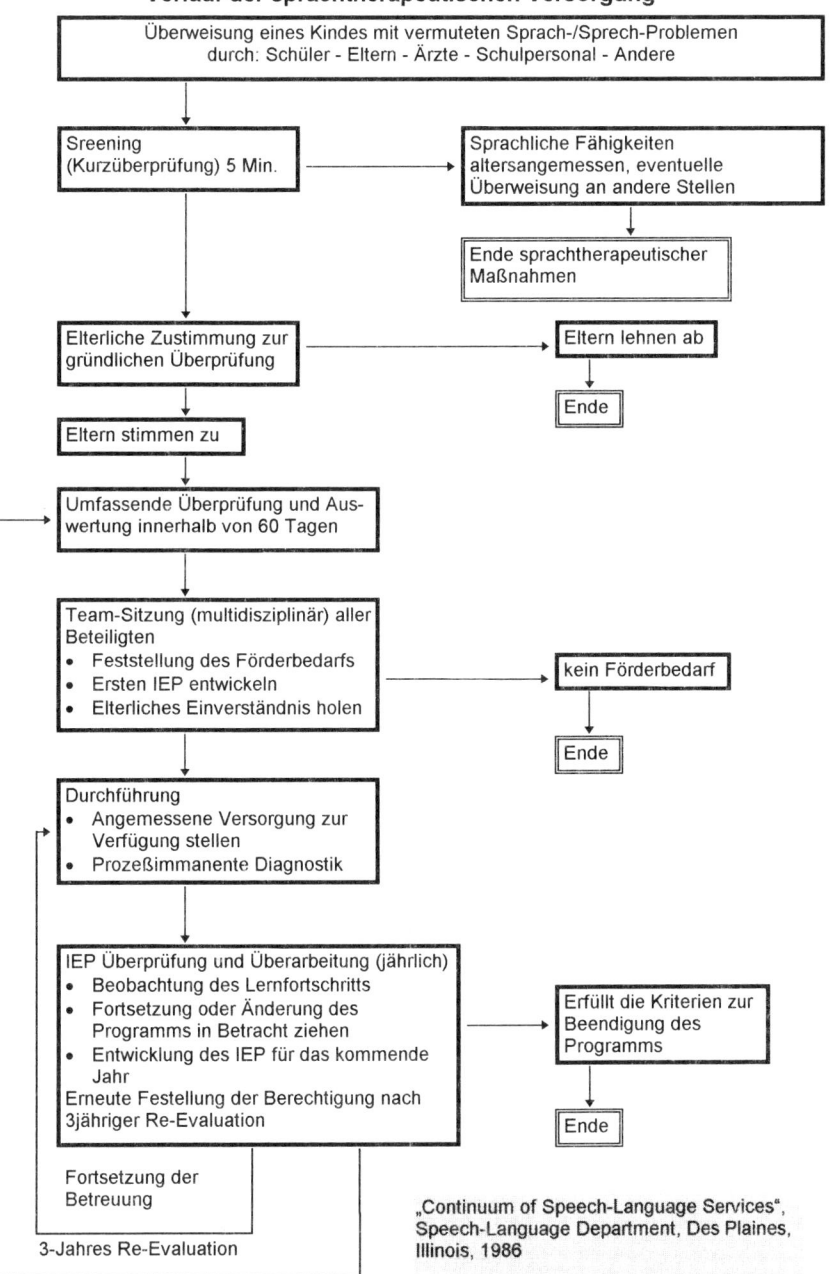

```
Überweisung eines Kindes mit vermuteten Sprach-/Sprech-Problemen
durch: Schüler - Eltern - Ärzte - Schulpersonal - Andere
                    │
                    ▼
┌─────────────────────────┐     ┌─────────────────────────────┐
│ Sreening                │────▶│ Sprachliche Fähigkeiten     │
│ (Kurzüberprüfung) 5 Min.│     │ altersangemessen, eventuelle│
└─────────────────────────┘     │ Überweisung an andere Stellen│
         │                       └─────────────────────────────┘
         │                                    │
         │                                    ▼
         │                       ┌─────────────────────────┐
         │                       │ Ende sprachtherapeutischer│
         │                       │ Maßnahmen               │
         │                       └─────────────────────────┘
         ▼
┌─────────────────────────┐     ┌─────────────────────────┐
│ Elterliche Zustimmung zur│────▶│ Eltern lehnen ab        │
│ gründlichen Überprüfung │     └─────────────────────────┘
└─────────────────────────┘                │
         │                                  ▼
         ▼                              ┌──────┐
┌─────────────────────────┐             │ Ende │
│ Eltern stimmen zu       │             └──────┘
└─────────────────────────┘
         │
         ▼
┌─────────────────────────────┐
│ Umfassende Überprüfung und Aus-│
│ wertung innerhalb von 60 Tagen │
└─────────────────────────────┘
         │
         ▼
┌─────────────────────────────────┐
│ Team-Sitzung (multidisziplinär) aller│
│ Beteiligten                     │     ┌─────────────────────┐
│ • Feststellung des Förderbedarfs│────▶│ kein Förderbedarf   │
│ • Ersten IEP entwickeln         │     └─────────────────────┘
│ • Elterliches Einverständnis holen│            │
└─────────────────────────────────┘              ▼
         │                                  ┌──────┐
         │                                  │ Ende │
         ▼                                  └──────┘
┌─────────────────────────────┐
│ Durchführung                │
│ • Angemessene Versorgung zur│
│   Verfügung stellen         │
│ • Prozeßimmanente Diagnostik│
└─────────────────────────────┘
         │
         ▼
┌──────────────────────────────────────┐
│ IEP Überprüfung und Überarbeitung (jährlich)│
│ • Beobachtung des Lernfortschritts   │     ┌──────────────────────┐
│ • Fortsetzung oder Änderung des      │────▶│ Erfüllt die Kriterien zur│
│   Programms in Betracht ziehen       │     │ Beendigung des       │
│ • Entwicklung des IEP für das kommende│     │ Programms            │
│   Jahr                               │     └──────────────────────┘
│ Erneute Festellung der Berechtigung nach│             │
│ 3jähriger Re-Evaluation              │             ▼
└──────────────────────────────────────┘          ┌──────┐
         │                                         │ Ende │
         ▼                                         └──────┘
┌─────────────────────────┐
│ Fortsetzung der         │
│ Betreuung               │
├─────────────────────────┤
│ 3-Jahres Re-Evaluation  │
└─────────────────────────┘
```

„Continuum of Speech-Language Services",
Speech-Language Department, Des Plaines,
Illinois, 1986

Die sonderpädagogische bzw. sprachtherapeutische Förderung muß in der Regel wenige Tage nach der IEP-Konferenz beginnen und wird auch im neuen Schuljahr sofort weitergeführt, bis eine neue Sitzung des Ausschusses erfolgt. Die Förderpläne müssen vor Beginn des Schuljahres vorliegen. Nachdem der Förderbedarf festgestellt ist, wird der IEP klar spezifiziert und muß folgende Punkte enthalten (NELSON 1993 a):
- die Stufe des derzeitigen Sprachzustandes,
- die Festlegung der Ziele:
  Die Jahresziele stecken den Rahmen für die Maßnahmen ab. Sie sollen weit genug gefaßt sein, dürfen aber auch nicht belanglos formuliert sein und sollten nach einem Jahr überprüft werden. Kurzzeitziele müssen genauer als die Jahresziele spezifiziert sein und enthalten zusätzliche Details sowie meßbare Kriterien:
- was der Schüler machen soll (verstehen/unterscheiden reicht nicht),
- die Bedingungen der Durchführung (Art und Methoden, in welcher Kontexkomplexität der Stimuli),
- und wie gut er die Leistungen erbringen soll (Vollständigkeit, wie oft, wie schnell die korrekte Antwort sein soll).

4.5. Organisatorische Formen sprech- und sprachtherapeutischer Hilfen

Traditionell wurden sprachgestörte Kinder in ambulanter Form in einem sogenannten "pull-out model" parallel zum normalen Unterricht gefördert. Kinder mit schweren Sprachbeeinträchtigungen besuchten eine Spezialklasse für Sprachbehinderte. Die Ende der 80er Jahre erhobene Forderung nach vollständiger Integration von Kinder mit Beeinträchtigungen und der fehlende Nachweis der Effektivität separierender Maßnahmen (BLOCK 1994, OPP 1993) führten zur Entwicklung von Serviceprogrammen, die eine Förderung im Rahmen der Klasse als natürlicher sprachlicher Lernumgebung vorsahen (ASHA 35, 1993, [suppl. 10]).

"Pull-out model"
Bei diesem Modell erhalten Schüler einzeln oder in Gruppen während der regulären Unterrichtszeit eine additive Sprachtherapie in einem in der Schule eingerichteten Therapieraum. Die Häufigkeit und Dauer der Sprachtherapie ist vom Schweregrad der Störung abhängig. Sie kann ein- bis mehrmals in der Woche erfolgen. Der Sprachtherapeut ist einer Schule zugeordnet oder betreut mehrere Schulen gleichzeitig. Er hat normalerweise bis zu 40 und mehr Kinder zu versorgen. Besonders geeignet erscheint das Modell für Jugendliche, die sich bei sprachtherapeutischer Intervention in der Klasse stigmatisiert fühlen könnten. Es wird

erwartet, daß die Schüler in der Lage sind, die normalen Anforderungen des Unterrichts zu erfüllen.

Klassen für Sprachgestörte
Sie werden von Schülern mit schweren und umfassenden Kommunikationsstörungen besucht. Neben einer intensiven Förderung ihrer kommunikativen Fähigkeit bedürfen sie einer Unterstützung bei der Bewältigung der curricularen Anforderungen. Die Klasse (self-contained class) wird von einem Sprachtherapeuten meistens mit einer pädagogischen Zusatzqualifikation geleitet, der sowohl für den Unterricht als auch für die sprachliche Intervention zuständig ist. Häufige gemeinsame Aktivitäten mit den Regelschülern werden angestrebt.

Unterrichtsintegrierte Sprachtherapie
Die Sprachtherapie wird unabhängig vom Schweregrad der Störung in der Regelklasse, die der Schüler normalerweise besucht, durchgeführt (curriculum-based models resp. inclusive programming). In Kooperation mit den verantwortlichen Lehrern werden die kommunikativen Bedürfnisse sowie die Ziele und einzelnen Schritte der Sprachtherapie von Kindern mit speziellen Erziehungsbedürfnissen festgelegt und umgesetzt.

Dabei erfolgt eine Bezugnahme auf die Inhalte und Lernziele des Unterrichts sowie auf das schulische Lernumfeld des betroffenen Kindes. Gemeinsame Beratungen und Teamteaching sind Ausdruck einer geteilten Verantwortung zwischen Sprachtherapeut und Klassenlehrer. Die Einbeziehung der in der Klasse unterrichtenden Pädagogen bei der Realisierung einzelner kommunikativer Ziele wird im IEP des betreffenden Kindes genau spezifiziert. Unterrichtsintegrierte Sprachtherapie für einzelne Kinder wird gleichzeitig als präventive Maßnahme für nicht behinderte, aber förderungsbedürftige Mitschüler betrachtet. Die Herstellung kommunikativer Sprachlernsituationen im Unterricht eröffnet die Möglichkeit, auch leichte kommunikative Auffälligkeiten anderer Schüler abzubauen.

Gemeinsame Beratung
Innerhalb des Systems sprachtherapeutischer Hilfen in der Schule wird der institutionalisierten aber freiwilligen Beratung von Sprech- und Sprachpathologen mit Lehrern, Sonderpädagogen und Eltern eine große Bedeutung beigemessen. Auf kooperativer Basis dient sie der gemeinsamen Problemlösung bei der Festlegung, Umsetzung und Bewertung sowie der Revision des individuellen Förderprogramms sprachgestörter Kinder. Sie wird als begleitende oder indirekte therapeutische Maßnahme besonders bei leichten Sprachstörungen oder zur

Nachsorge bei speziellen sonderpädagogischen Erziehungshilfen eingesetzt. Die Beratung bezieht sich auf die Sprech- und Sprachstörung im engeren Sinne, aber auch auf didaktische und erzieherische Fragestellungen, die mit beeinträchtigter Kommunikation einhergehen. Das schließt z.B. die Bereitstellung sprachfördernder Materialien, Hinweise auf kommunikationsfördernde Arbeitsweisen und Anpassung von Unterrichtsmitteln an die sprachliche Ausgangslage des Schülers ein. Gemeinsame Beratung mit den Eltern dient dem Hinweis für ein kommunikationsunterstützendes Verhalten im häuslichen Bereich.

Die einzelnen Plazierungsmodelle sind bei Eltern und auch Fachkräften nicht unumstritten. Besonders die Klassen für Sprachgestörte werden selbst bei schweren Beeinträchtigungen weniger nachgefragt als integrative Betreuungsformen (ASHA 35, 1993 [suppl. 10]). Der Anteil von Spezialklassen lag aber bereits 1984 weiter unter 10% (YSSELDYKE & ALGOZZINE 1984 in SPECK 1991). Kritisch wird gesehen, daß sie häufig nicht im Schulbezirk angesiedelt sind, zur sozialen Isolierung und Stigmatisierung führen können und die Chancen einer Rückschulung in die Regelklasse eher gering sind (BLOCK 1994). Aber auch das "pull-out model" stößt zunehmend auf kritische Resonanz. Die in Einzel- oder Gruppentherapie vermittelten sprachlichen Fähigkeiten bilden nur einen kleinen Ausschnitt der im Unterrichts- und in Klassenaktivitäten erforderlichen kommunikativen Kompetenzen. Es fällt vielen Kindern schwer, ohne Unterstützung die in der Therapie gelernten sprachlichen Strukturen in curriculare Lern- und Leistungssituationen sowie in das kommunikative schulische Alltagsgeschehen zu übertragen. Die Sprachtherapie im Kontext der Klasse fördert demgegenüber das soziale und kommunikative Lernen aller Kinder. Für das sprachgestörte Kind bietet die Regelklasse durch die Interaktion mit nicht sprachgestörten Kindern und die inhaltliche Anbindung der Therapie an unterrichtliche Inhalte eine größere Vielfalt an natürlichen Sprachlernsituationen. Für dieses Modell spricht auch, daß finanzielle Ressourcen effektiver zum Wohl einer ganzen Klasse eingesetzt werden (WADLE 1991, FARBER et al. 1992).

Von Eltern und Fachkräften wird aber auch befürchtet, daß die gegenwärtigen Bedingungen in der Regelschule noch keine angemessenen Voraussetzungen bieten, um Kinder im Kontext der normalen Klasse mit Sprachtherapie zu versorgen. Zu große Klassen, mangelnde Kooperationsbereitschaft und Ausbildung der am Erziehungsprozeß beteiligten Fachkräfte, fehlende Kooperationszeiten, mangelnde Unterstützung durch die Schulleitung und Schulverwaltung sowie die Verknappung der finanziellen Ressourcen verbunden mit einer zu großen Anzahl der zu betreuenden Kinder mit sonderpädagogischem Förderbedarf könnten zur Verminderung des Umfangs und der Qualität individueller sprachtherapeutischer

Förderung führen (BLOCK 1994). Aus diesem Grunde treten viele Sprachtherapeuten, Lehrer und Eltern für eine Angebotsvielfalt in der sprachtherapeutischen Betreuung von Kindern in der Schule ein. Die unterschiedlichen Organisationsformen werden als ein Kontinuum von Serviceangeboten begriffen, das auch Kombinationen in unterschiedlicher Form zuläßt. Dadurch erscheint eine flexible Anpassung an die sich verändernden Förderbedürfnisse eines kommunikationsgestörten Kindes gewährleistet (ASHA 35, 1993 [suppl. 10]).

5. Innovative Interventionskonzepte

Durch die Erfahrung von Sprachtherapeuten in der Regelklasse und durch die Kooperation mit Lehrern, Sonderpädagogen und Eltern entstand ein Bedarf nach modifizierten organisatorischen und inhaltlichen Handlungskonzepten für die sprachtherapeutische Arbeit in der Schule. Folgende Entwicklungsschwerpunkte lassen sich gegenwärtig in der Theorie und Praxis der amerikanischen Sprech- und Sprachpathologie erkennen:

5.1. Kommunikationstherapie für Jugendliche

Die Interpretation von Sprech- und Sprachstörungen als Kommunikationsstörungen, die den sozialen und schulischen Erfolg vieler sprachbeeinträchtigter Schüler in Frage stellten, lenkte die Aufmerksamkeit der Pädagogen und Sprachtherapeuten auf die Probleme von älteren Schülern im Umgang mit der Laut- und Schriftsprache. Die Bedeutung von sprachlich interaktiven und diskursiven Fähigkeiten sowie verbalen Problemlösungsstrategien, deren Ausdifferenzierung sich schwerpunktmäßig im Jugendalter vollzieht, wurde für die Erlangung qualifizierter Schulabschlüsse erkannt. Demzufolge wurde die geringe gesellschaftliche Integration und die Arbeitslosigkeit vieler Heranwachsender in enger Beziehung zu den mangelnden kommunikativen, sozialen und akademischen Fähigkeiten vieler Jugendlicher gesehen. Um den speziellen Bedürfnissen der betroffenen Jugendlichen gerecht zu werden, sind in den vergangenen Jahren sprachtherapeutische Interventionsprogramme im Rahmen des P.L 102-119 zur Förderung der Kommunikationsfähigkeit ein Bestandteil schulischer Lernangebote geworden. Adressat dieser Programme sind Jugendliche, die bereits Sprachtherapie erhalten haben, aber im mündlichen und schriftlichen Gebrauch von Sprache weiterhin Auffälligkeiten zeigen, ebenso wie Schüler, die erstmalig durch erhöhte sprachliche Anforderungen unterrichtlicher Lehr- und Lernprozesse sprachbedingte schulische Mißerfolge aufweisen (LARSON et al. 1993, WORK et al. 1993). Auf der Basis eines ganzheitlichen Sprachverständnisses (whole-language approach) werden neben der Vermittlung schrift- und metasprachlicher Fähigkeiten insbesondere soziale und sprachpragmatische Kompetenzen vermittelt. Durch erfahrungsbezogenes kooperatives Lernen im Unterricht sowie in außerunterrichtlichen Alltagssituationen wird der Erwerb komplexer formaler, inhaltlicher und funktionaler Strukturmomente der Sprache unterstützt, um durch ihre dem Alter und dem Kontext angemessene Rezeption und Verwendung die Lernmotivation sowie das Selbstvertrauen und das Selbstwertgefühl sprachgestörter Jugendlicher zu erhöhen und ihnen damit eine aktive Teilnahme an gesellschaftlichen Prozessen zu ermöglichen (LARSON et al. 1993, WORK et al. 1993).

5.2. Curricularorientierte Sprachdiagnostik und Intervention

Das Wissen um den engen Zusammenhang zwischen schulischem Erfolg und angemessenen verbalen sowie auch nonverbalen Kommunikationsfähigkeiten führte zur Entwicklung eines curricularorientierten Diagnostik- und Therapiekonzeptes (NELSON 1989). Die Komplexität schulischer Kommunikationsprozesse und die sprachlichen Anforderungen des Unterrichts in Relation zu den gegenwärtigen sprachlichen Lernvoraussetzungen eines sprachgestörten Schülers bilden die Basis für die Formulierung individueller sprachtherapeutischer Förderbedürfnisse. Über die notwendigen formalsprachlichen Aspekte hinaus stehen die vielfältigen Formen des Sprachgebrauchs und der Gesprächsstrategien, die der Unterricht und das schulische Lernumfeld erfordern, im Mittelpunkt der diagnostisch-therapeutischen Zielsetzung. Die Bezugnahme auf Unterrichtsinhalte und -prozesse ermöglicht eine Konkretisierung individueller kommunikativer Lernziele und die Identifizierung derjenigen verbalen und nonverbalen Aktivitäten und Handlungen, die den sprachgestörten Schüler befähigen, angemessene und effektive Mittel der Kommunikation zu erwerben. Zur Erfassung der verbalen und nonverbalen kommunikativen Verhaltensweisen werden Interviews, Protokolle und systematische sowie teilnehmende Beobachtungen eingesetzt. Nach genau spezifizierten Kriterien wird das sprachliche und soziale Verhalten eines sprachgestörten Schülers bei unterschiedlichen Aufgabenstellungen in unterschiedlichen Situationen beschrieben und analysiert. Diese können neben sprachstrukturellen und sprachprozessualen Aspekten folgende Beobachtungsmerkmale enthalten (ASHA, Let's talk 16):

- Hält der Schüler sich an die Gesprächsregeln in der Klasse?
- Kann er Gesprächsimpulse geben?
- Ist er in der Lage, seine sprachlichen Äußerungen der Situation und dem Hörer anzupassen?
- Ist er in der Lage, nachzufragen oder seine Äußerungen zu korrigieren?
- Kann er seine Gedanken und Gefühle verständlich vermitteln?
- Nimmt er an Gruppenaktivitäten teil?

- Kann er unterschiedliche Textarten, z.B. Erzählungen, Berichte usw., rezipieren und produzieren?

Aus den beobachteten Verhaltensweisen werden konkrete auf einzelne Unterrichtsfächer und Unterrichtsstunden sowie auf außerunterrichtliche Aktivitäten bezogene Therapieziele abgeleitet, die Form, Inhalt und Gebrauch der Sprache gleichermaßen betreffen, und in therapeutisch didaktische Handlungssequenzen transformiert. Sie streben die Erweiterung des sprachlich-kognitiven und interaktiven Verhaltens des sprachgestörten Schülers im Rahmen schulischer Lernsituationen an. Der Sprachtherapeut übernimmt dabei die Aufgabe, den Schüler bei der Einschätzung der sozialen Situation und beim Verstehen sprachlicher Handlungen und ihrer Bedeutung zu unterstützen und Hilfen zur Formulierung eigener Äußerungen zu geben. Durch die erfolgreiche Beteiligung des Schülers am Unterrichtsgeschehen erhalten die neu erworbenen sprachlichen Ausdrucks- und Gestaltungsfähigkeiten ihre unmittelbare persönliche und soziale Bedeutung (vgl. NELSON 1989, NORRIS & HOFFMANN 1990).

5.3. Förderung metalinguistischer Fähigkeiten

Die Forderung nach Entwicklungsnähe therapeutischer Interventionen insbesondere auch bei älteren Schülern warf die Frage nach den spezifischen Merkmalen sprachlichen Lernens dieser Altersgruppe auf. Beobachtungen zeigten, daß Kinder bereits beim Schulanfang Sprache nicht nur unmittelbar als Ausdrucksmittel in kommunikativen Situationen verwenden, sondern sie losgelöst vom Kontext zum Gegenstand ihrer Überlegungen machen. Diese Fähigkeit der dekontextualisierten "Sprachbewußtheit" bildete den Ausgangspunkt zur Entwicklung von metalinguistischen Ansätzen der Erklärung, Diagnostik und Therapie von Sprachentwicklungsstörungen. Ihre Fokussierung auf die Fähigkeit, Sprache reflexiv zu gebrauchen, bedeutete eine Ergänzung der vorherrschenden prozeß- und sprachsystemorientierten sowie kommunikativ interaktionalen Therapieansätze (VAN KLEECK 1982). Das mangelhaft ausgeprägte Vermögen vieler kommunikationsgestörter Kinder, über Sprache und den Sprachgebrauch Urteile abzugeben, sprachliche Komponenten bewußt zu analysieren und zu handhaben, wurde als eine wesentliche Bedingung sozialer und curricularer Mißerfolge in der Schule erkannt. Insbesondere ein ungenügender oder verlangsamter Schriftspracherwerb wird als Resultat einer reduzierten phonologischen Bewußtheit gesehen. Die Ausdifferenzierung und Erweiterung metalinguistischer Fähigkeiten wird daher als ein wichtiges Ziel therapeutischer Sprachlernförderung betrachtet. Zahlreiche Konzepte wurden bisher entwickelt. Sie intendieren durch Impulse zur Reflexion, Explikation und bewußten Manipulation sprachlicher Komponenten einen kommunikativ effektiveren und angemesseneren

Gebrauch der Sprache. Obwohl aber unabhängig vom Alter sprachgestörter Kinder die unmittelbare Spracherfahrung in natürlichen Kontexten unverzichtbar erscheint, wird der metalinguistische Ansatz als ein angemessener Bestandteil sprachtherapeutischer Intervention bei älteren Schülern gesehen.

6. Die sprachtherapeutische Förderung kommunikationsgestörter Schüler in den USA und in Deutschland: Parallelen, Divergenzen, Impulse

Obwohl das schulische System der Betreuung sprachbehinderter Kinder und Jugendlicher in den USA, wie dargestellt, eine andere Entwicklung als in Deutschland genommen hat und im Gegensatz zur Sprachheilpädagogik nur mittelbar Bestandteil sonderpädagogischer Praxis ist, werden grundsätzliche Übereinstimmungen deutlich. So ist für beide Länder heute eine Orientierung am Begriff der individuellen Förderbedürfnisse bzw. der "special needs", die Ausweitung der professionellen Aufgabenstellungen, bestehend in Beratung, Prävention, Kooperation, Therapie und Unterricht, sowie eine Angebotsvielfalt unterschiedlicher organisatorischer Förderformen kennzeichnend. Ein wesentlicher Unterschied besteht aber darin, daß in den USA die Regelschule und in Deutschland die Sprachheilschule z.B. als Förderzentrum Ausgangspunkt des Förderkontinuums ist.

Ähnlich wie in Deutschland wurden diese innovativen Veränderungen in den USA, wenn auch dort bereits Mitte der 70er Jahre, weniger durch das schulische System selbst betrieben, sondern durch gesetzliche Vorgaben auf den Weg gebracht.

Dort setzte nun eine zumindest in den Grundzügen deckungsgleiche Entwicklung in allen Bundesstaaten ein, da das Public Law 94-142 den einzelstaatlichen Regelungen vorgeordnet war. In der schulischen Realität sind aber aufgrund der föderalen Struktur keinesfalls gleiche Bedingungen sprachtherapeutischer Förderungen gegeben. Zu unterschiedlich sind die geographischen, kulturellen und sozioökonomischen Rahmenbedingungen der Einzelstaaten. In Deutschland weisen dagegen die einzelnen Bundesländer aufgrund ihrer Kulturhoheit nicht nur in der Realisierung, sondern bereits in den gesetzlichen Regelungen zur Förderung behinderter Kinder und Jugendlicher erhebliche Unterschiede auf. So ist z.B. in Berlin die Beteiligung der Eltern bei der Feststellung des Förderbedarfs vorgesehen und die Erziehung behinderter Kinder eine Aufgabe des allgemeinen Schulsystems. In Mecklenburg-Vorpommern z. B. sind solche weitreichenden Regelungen nicht getroffen. Die von der Kultusministerkonferenz verabschiedeten "Empfehlungen zur sonderpädagogischen Förderung in den Schulen der Bundesrepublik" (vom 6.5.1994) tragen aber nur sehr begrenzt zur Einlösung gleicher

Erziehungsansprüche und zur Sicherung einer gleichwertigen sprachtherapeutischen Förderung aller Kinder bei. Besonders bei der Umsetzung einer integrativen Praxis besteht eine deutliche Kluft zwischen einzelnen Bundesländern.

Wie in den USA ist auch in Deutschland eine integrative sprachtherapeutische Förderung nicht unumstritten. Auch die Argumentationslinien weisen Ähnlichkeiten auf, obwohl sie von grundsätzlich anderen Voraussetzungen ausgehen. Der überwiegende Teil der kommunikationsgestörten Kinder und Jugendlichen wird in den USA bereits in der Regelschule, wenn auch mit additiver Intervention betreut. Diese Sprachtherapie wird durchaus als eine unter therapeutischen und integrativen Gesichtspunkten erfolgreiche "mainstreaming"-Maßnahme gewertet. Diskutiert wird, ob eine weitergehende, z.T. bereits praktizierte Vollintegration, ein "inclusive programming", unter den gegenwärtigen Bedingungen schulischer Realität kommunikationsgestörten Kindern eher schaden als helfen könnte. Dabei werden anders als in Deutschland weniger normative und grundsätzliche Aspekte, wie z. B. die Frage nach Integration als Weg oder Ziel, hinterfragt, sondern die uneingeschränkte gemeinsame Erziehung wird eher als ein "Organisationsproblem" (OPP 1993) begriffen. Aufgrund der gegenwärtigen Bedingungen in der Regelschule, wie steigende Schülerzahlen, Verhaltensprobleme, hohe Klassenfrequenzen, unvorbereitete Lehrer und hohe Kostenimplikationen, erscheint es Teilen der Pädagogen, der Sprachtherapeuten und der betroffenen Eltern noch nicht angemessen lösbar. Trotz dieser Vorbehalte wird aber nicht in Frage gestellt, daß eine Sprachtherapie im gemeinsamen Unterricht weitaus förderlicher für eine Unterstützung und Erweiterung von Kommunikations- und Lernfähigkeiten ist als eine aus sinnstiftenden unterrichtlichen Prozessen herausgelöste additive Intervention. Die Entwicklung neuer organisatorischer Programme und inhaltlicher Konzepte einer kommunikationsbezogenen Sprachlernförderung im gemeinsamen Unterricht dokumentiert aber ein Bemühen, der Idee von "full inclusion", trotz aller Schwierigkeiten und Befürchtungen, einer "billigen" Integration Vorschub zu leisten, näher zu kommen.

In Deutschland wird die Diskussion um die Integration eng mit der Existenz von Sonderschulen verknüpft. Ausgehend von der Frage nach dem jeweils zugrundeliegenden Wertesystem wurde sie unter Befürwortern und Gegnern weniger sachbezogen als ideologisch motiviert geführt. Gründe hierfür mögen u.a. auch in dem lange Zeit ausschließlich auf Sonderschule bezogenen Selbstverständnis vieler Sprachheilpädagogen zu suchen sein. Diese Schwierigkeiten bestehen in den USA nicht. Da der Sprachtherapeut nicht primär institutionsbezogen, sondern handlungsbezogen ausgebildet wird, können neue Rollenanforderungen auch flexibler bewältigt werden.

Diese Phase einer z.T. heftig geführten Diskussion scheint gegenwärtig überwunden und einer eher kindzentrierten und pragmatischeren Einschätzung, die auch die Bedingungen und Voraussetzungen, die deutliche Parallelen zu den USA aufweisen, dafür im Blick hat, gewichen zu sein. Wie in den Vereinigten Staaten wird daher in der Angebotsvielfalt von Lernorten mit integrierenden und separierenden Maßnahmen eine Auflösung des Konflikts gesehen. Dennoch bleibt die Frage offen, ob die Sprachheilschule aufgrund pädagogischer Notwendigkeiten ein Bestandteil dieses Förderkontinuums bleiben soll. Der nicht in Abrede zu stellende amerikanische Erfolg in der Versorgung sprachbehinderter Kinder und Jugendlicher in der Regelschule über viele Jahrzehnte hinweg spricht trotz zahlreicher kritischer Anmerkungen, wie z.B. die zu hohe Anzahl der von einem Sprachtherapeuten zu betreuenden Kinder, für sich. Das Argument, daß die Mitarbeit von Sprachtherapeuten im Team mit Regelschullehrern und eine in den Unterricht integrierte Sprachtherapie nicht nur dem einzelnen behinderten Kind dienen, sondern zur qualitativen Verbesserung pädagogischer Prozese für alle Kinder beitragen könnte, wird auch in Deutschland angeführt, bisher aber wenig umgesetzt.

Daß eine stärkere Einlösung der in den USA wie auch in Deutschland erhobenen Forderung nach kooperativer Zusammenarbeit von Regel- und Sonderschulpädagogik erforderlich ist, zeigen auch die bereits bestehenden Formen der Integration, wie die Einzelintegration oder die Integrationsklassen. Sie lassen häufig eine Verschränkung von sprachtherapeutischer Förderung und unterrichtlichem sowie außerunterrichtlichem Lernen und Erleben vermissen und beinhalten eher eine additive Therapie, die konzeptuell innerhalb der Sprachheilpädagogik bereits seit langem als überwunden gilt. Konzepte zur unterrichtsbezogenen Sprachtherapie, wie sie in den USA in Verbindung mit der "full inclusion"-Programmatik entwickelt werden, liegen in Deutschland mit übereinstimmenden Grundgedanken bereits seit langem, als "Sprachtherapeutischer Unterricht" (BRAUN 1980) bekannt, vor. Sie bedürfen allerdings einer stärkeren sprachtheoretischen und -didaktischen Ausdifferenzierung und Bezugnahme auf die Bedingungen der Regelschule, um eine Basis für die gemeinsame unterrichtliche Arbeit von Regel- und Sonderschulpädagogen bilden zu können.

Einer stärkeren Einbindung von Sprachtherapeuten in die Arbeit in der Regelschule, wie sie in den Vereinigten Staaten erprobt wird, könnte unter präventiven Gesichtspunkten auch in Deutschland zukünftig mehr Gewicht beigemessen werden. Denn analog zu den USA ist auch bei uns eine steigende Tendenz von Kindern mit belastenden Lebensumständen und anderer kultureller Herkunft zu beobachten, die im Vorfeld eines sonderpädagogischen Förderbedarfs einer Unterstützung des Sprachlernprozesses bedürfen. Die amerikanischen Verhältnisse zeigen aber auch, daß zur Bewältigung dieser Probleme angemessene materielle und personelle

Voraussetzungen sowie eine größere Kooperationsbereitschaft aller am Erziehungsprozeß beteiligten Pädagogen notwendig sind.

In übereinstimmender Weise werden Sprech- und Sprachstörungen in den USA wie in der Bundesrepublik als Kommunikationsstörungen mit potentiell umfassenden Auswirkungen auf die Entwicklungs- und Erlebensmöglichkeiten der betroffenen Kinder und Jugendlichen interpretiert. Diese Sichtweise hat in den Vereinigten Staaten zu einer verstärkten Beschäftigung mit den sprachlichen Problemen von Jugendlichen und ihren Auswirkungen auf die Bewältigung schulischer und sozialer Anforderungen geführt.

Die Erkenntnis, daß ein differenzierter kommunikativer Gebrauch der Laut- und Schriftsprache, der in unserer heutigen Arbeitswelt einen überaus hohen Stellenwert besitzt, auf komplexen Verhaltensweisen beruht, rückte Störungen im Bereich sprachpragmatischer Fähigkeiten verstärkt in den Mittelpunkt sprachtherapeutischer Überlegungen. Förderprogramme speziell für Jugendliche werden daher als notwendig erachtet. Diese Entwicklung findet in der deutschen Sprachheilpädagogik nur wenige Parallelen, obwohl die Probleme Jugendlicher hier bei uns keinesfalls geringer sind. Es lassen sich dafür viele Gründe anführen. Ein verkürztes Sprachstörungsverständnis, das sich primär an leicht erkennbaren Symptomen wie lautlichen, semantischen und syntaktischen Abweichungen orientiert, muß hierfür sicherlich mit verantwortlich gemacht werden.

Weitere Unterschiede, wenn auch nicht grundsätzlicher Art, lassen sich auch bei der Feststellung des Förderbedarfs und bei der Umsetzung der Förderpläne erkennen. Aufgrund gesetzlicher Vorgaben und elterlicher Kontrollmöglichkeiten zeichnen sich die Vorgehensweisen in den USA durch einen hohen Grad der Formalisierung und Operationalisierung aus. Durch Offenlegung diagnostischer Maßstäbe, differenziert formulierte Therapieziele sowie genaue Evaluationskriterien wird ein hohes Maß an Vergleichbarkeit und Transparenz angestrebt. Als Arbeitsgrundlage tragen sie zur Erleichterung kooperativer Zusammenarbeit von Fachkräften bei. Der damit verbundene Verwaltungsaufwand und die höhere Arbeitsbelastung wird aber zunehmend von Praktikern kritisiert. Eine vermehrte Einstellung von sprachtherapeutischen Hilfskräften und der Einsatz von Computerprogrammen scheint nur wenig Abhilfe zu schaffen, denn immer weniger Sprachtherapeuten sind bereit, in die Schulen zu gehen. In Deutschland läßt sich ein größerer Ermessensspielraum bei der Festlegung und der Umsetzung des Förderbedarfs beobachten. Flexiblere Anpassungsmöglichkeiten an die individuellen Erfordernisse des Kindes und der Situation sind damit gegeben. Die Gestaltung der Diagnostik und Therapie sowie die Bewertung der Ergebnisse hängt damit im wesentlichen von der Kompetenz und dem Engagement der Sprachheilpädagogen ab. Allerdings lassen sich in der Praxis auch Unbehagen und Unsicherheiten im Hinblick auf die Auswirkungen erkennen. Denn ein großes Maß an Freiheit impliziert potentiell eine Beliebigkeit, die die Chancengleichheit sprachbehinderter Kinder für eine angemessene Förderung mindern könnte. Dieses Spannungsverhältnis zwischen einer pädagogisch sinnvollen Freiheit in der Methodenwahl, impliziten wie expliziten Kategorisierungen und dem Recht eines jeden Kindes auf gleiche Lernchancen scheint - anders als in den USA - derzeit wenig problematisiert zu werden.

Betrachtet man abschließend die Perspektiven der Entwicklung, so scheint das System der Betreuung kommunikationsgestörter Kinder und Jugendlicher in den USA in gewisser Weise zu seinen Anfängen zurückzukehren. JENKINS und HEINEN (1989, 516) charakterisieren diesen Weg so: "Handicapped student's educational journey has come nearly full circle. Their odyssey, which began in general education classroms took them first to special schools, from there to full-time special classes, and on to resource rooms with part-time placement in regular classrooms, and now they appear to be headed in the direction of full-time placement in general education classrooms." Inwieweit dieses auch für Deutschland zutreffen wird, ist gegenwärtig nicht entschieden. Aus der vergleichenden Perspektive lassen sich aber für die Sprachheilpädagogik in Theorie und Praxis folgende Gesichtspunkte als mögliche Impulse für eine Weiterentwicklung herauskristallisieren:

- Hinwirkung auf bundesweite Chancengleichheit und Gleichwertigkeit der Förderung für alle kommunikationsgestörten Kinder und Jugendlichen in bezug auf Elternbeteiligung, Plazierungsangebote, Feststellung des Förderbedarfs usw.,
- Ausbau einer integrativen bzw. reintegrativen entwicklungs- und sprachgebrauchsorientierten Förderung kommunikationsgestörter Jugendlicher,
- Konzeption eines integrativen sprachtherapeutischen Unterrichts als gemeinsame Aufgabenstellung von Sprachheil- und Regelschulpädagogik,
- größere Transparenz der Förderpläne als gemeinsame Grundlage für die Kooperation aller Fachkräfte und
- eine institutionell unabhängige Professionalisierung als schulischer Spezialist für Kommunikationsstörungen.

Literatur:

AMERICAN SPEECH-LANGUAGE-HEARING ASSOCIATION: A model for collaborative service delivery for students with languagelearning disorders in the public schools. ASHA, 33, 1991, 44-50

AMERICAN SPEECH-LANGUAGE-HEARING ASSOCIATION: Definitions of communication disorders and differences. ASHA 35, 1993 (Suppl. 10), 40-41

AMERICAN SPEECH-LANGUAGE-HEARING ASSOCIATION: Guidelines for case load size and speech-language service delivery in the schools. ASHA, 35, 1993 (Suppl. 10), 33-39

AMERICAN SPEECH-LANGUAGE-HEARING ASSOCIATION: Language and the adolescent. Let's talk 33. Rockville (o. Jahreszahl)

AMERICAN SPEECH-LANGUAGE-HEARING ASSOCIATION: Pragmatic language tips. Let's talk 16. Rockville (o. Jahreszahl)

AMERICAN SPEECH-LANGUAGE-HEARING ASSOCIATION: Pragmatics, socially speaking. Let's talk 15. Rockville (o. Jahreszahl)

AMERICAN SPEECH-LANGUAGE-HEARING ASSOCIATION: Definition of Language. ASHA 25, 1983, 44

BATEMAN, B.D.: Who, how, and where: Special education's issues in perpetuity. The Journal of Special Education 4, 1994, 509-520

BLOCK, F.K.: The role of logopedists working in the classroom. Issues in inclusion. Paper presented at the IALP School Committee Meeting and Workshop. Newcastle upon Tyne, 10-13. July 1994

BRAUN, O.: Das Verhältnis von Theorie und Praxis in der Sprachbehindertenpädagogik, dargestellt am sprachtherapeutischen Unterricht der Schule für Sprachbehinderte. Die Sprachheilarbeit 25, 1980, 135-142

BRETT, R.J.: Issues facing logopedists (speech and language pathologists/therapists) in the primary school setting - United States. Paper presented at the IALP School Committee Meeting and Workshop, Newcastle upon Tyne, 10-13. July 1994

CALCULATOR, S.N.; JORGENSEN C.M.: Including students with severe disabilities in schools. Fostering communication, and participation. San Diego, California: Singular Publishing Group, Inc. 1994

CHRISTENSEN, S.S., LUCKETT, C.H.: Clinical exchange. Getting into the classroom and making it work! Language, Speech, and Hearing Services in Schools 21, 1990, 110-113

DENO, EVELYN: Special education as developmental capital revisited: A quarter century appraisal of means versus ends. In: The Journal of Special Education 2, 1994, 375-392

FARBER, J.; DENENBERG, M.E.; KLYMAN, S.; LACHMAN, P.: Language resource room level of service: An urban school district approach to integrative treatment. Language, Speech, and Hearing Services Schools 23, 1992, 293-299

FERGUSON, M. L.: Clinical forum. Collaborative/Consultative service delivery: An introduction. Language, Speech, and Hearing Services in Schools 22, 1991, 147

GALLAGHER, J.J.: The pull of societalforces on special education. In: The Journal of Special Education 27, 1994, 521-530

GOODMAN, K.: What's whole in whole language? Portsmouth NH: Heinemann 1986

HOFFMANN, P.R.: Spelling, phonology, and the speech-language pathologist: A whole language perspective. Language, Speech, and Hearing Services in Schools 21, 1990, 238-243

ILLINOIS STATE BOARD OF EDUCATION DEPARTMENT OF SPECIAL EDUCATION: A parents' guide: The educational rights of students with disabilities. Revised 1992

ILLINOIS, Maine Township Special Education Programm, Serving Cook County District 62-62, 207, IL 60068-4398, 1991-94

JENKINS, J.R.; HEINEN, A.: Student's preferences for service delivery: Pull-out, in-class or integrated models. Exceptional Children 55, 1989, 516-523

LARSON, V.L.; MCKINLEY, N.L.; BOLEY, D.: Clinical forum: Adolescent language. Service delivery models for adolescents with language disorders. Language, Speech, and Hearing Services in Schools 24, 1993, 36-42

MAC MILLAN, D.L.; SEMMEL, M.I.; GERBER, M.M.: The social context of dunn: Then and now. The Journal of Special Education 27, 1994, 466-480

MORSE, W.C.: Comments from a biased viewpoint: The Journal. of Special Education 27, 1994, 531-542

MOORE, G.P.; KESTER, D.: Historical notes on speech correction in the preassociation era. Journal of Speech and Hearing Disorders 18, 1953, 48-53.

MURPHY, A.; GOETZE, H.: "Full inclusion" - Vollintegration in den Vereinigten Staaten. In: NEUKÄTER, H.; GOETZE, H. (Hrsg.): Sonderpädagogik 4, 1993, 232-233

NEIDECKER, E.A.: School programms in speech-language. Organization and management. Englewood Cliffs, N.J.: Prentice-Hall 1980, 2. Edition

NELSON, N.W.: Childhood language disorders in context: Infancy through adolescence. Boston, M.A.: Allyn & Bacon 1993a

NELSON, N.W.: Language intervention in School settings. Bernstein, D.K.; Tiegerman, E. (eds.): Language and communication disorders in children, Boston, M.A.: Allyn & Bacon 1993b, 273-324.

NELSON, N.W.: Curriculum-based language assessment and intervention. Language, Speech, and Hearing Services in Schools 20, 1989, 170-184

NORRIS, J.A.; HOFFMANN, P.R.: Language intervention within naturalistic environments. Language, Speech, and Hearing Services in Schools 21, 1990, 72-84

OPP, GÜNTHER: Mainstreaming in den USA. Heilpädagogische Integration im Vergleich. München etc: Ernst Reinhardt Verlag 1993

SPECK, O.: System Heilpädagogik. Eine ökologisch reflexive Grundlegung. München: Reinhardt 1991

VAN KLEECK, A.: Metalinguistics and language disorders in children: Does meta matter? Miniseminar presented at the American Speech-Language-Hearing Assocation Annual Convention, Toronto, Canada, Nov. 1982

VINCENT, L.S.; SALISBURY, C.L.: Changing economic and social influences on family involvement. Topics in Early Childhood Special Education 8, 1988, 48-59

WADLE, SHARON L.: Clinical exchange. Why speech - language clinicians should be in the classroom. Language, Speech, and Hearing, Services in Schools 22, 1991, 277

WORK, R.S.; CLINE, J.A.; EHREN, B.J.; KEISER, D.L.; WUJEK, C.: Clinical forum: Adolescent language. Adolescent language programs. Language, Speech, and Hearing Services in Schools 24, 1993, 43-53

YSSELDYKE, J.E.; ALGOZZINE, B.: Introduction to special education. Boston 1984

***

Prof. Dr. Roswitha Romonath, Universität Rostock, Fachbereich Erziehungs- und Sportwissenschaften, Institut für Sonder- und Heilpädagogik, Rostock

Elisabeth Prüser, Sprachheilpädagogisches Förderzentrum, Schillingschule für Sprachbehinderte, Berlin

Udo Schoor
Über den (fehlenden) Zusammenhang von Ätiologie- und Therapietheorie in der Behandung des Stotterns von Kindern

1. Der Stotter-Therapeut als subjektiver Wissenschaftler

Es scheint, daß die einzelfallorientierte Betrachtungsweise des Stotterns (SCHOOR 1985: "Fallkonzept"; MOTSCH 1992: "Idiographische Betrachtung"; BRAUN 1992: "individuell differenzierendes pädagogisch-therapeutisches Konzept") auf dem Hintergrund mehrdimensionaler dynamischer Bedingungsmodelle eine begründete, auf den jeweiligen Einzelfall zugeschnittene Kombination verschiedener therapeutischer Methoden erleichtert (HAESELING 1993).

Doch die scheinbar einfache Übertragung eines mehrdimensionalen Bedingungsgefüges zur Pathogenese des Stotterns auf eine mehrdimensionale, individuelle Interventionsstrategie (HANSEN/IVEN 1992) ist ein höchst komplexer Prozeß der Herstellung eines Begründungszusammenhangs zwischen überindividuellen und individuellen Ätiologie- und Therapietheorien. Es werden mindestens folgende Stufen durchlaufen:

a) Der Erfahrungswissenschaftler entwirft ein Modell, das die Entstehung, Entwicklung, Ausformung des Stotterns hinlänglich genau und nachvollziehbar beschreibt (u.a. SCHOOR 1985: "mehrdimensionales hypothetisches Bedingungsgefüge"; MOTSCH 1992: "idiographische Betrachtungsweise"; HANSEN/IVEN 1992: "Dynamisches Modell zur Entwicklung des Stotterns"; BRAUN 1992: "Komponenten zur Konstituierung des chronischen Stotterns").

b) Aus dem vorgelegten hypothetischen Bedingungsgefüge interagierender Faktoren mit seiner inhärenten Argumentationsstruktur zur Genese von Stottern müssen die theoretischen Kernaussagen (Stottern-Axiome) in Therapietheoreme überführt werden (u. a. SCHOOR 1992: "pädagogisch-therapeutischer Handlungsplan"; HANSEN/IVEN 1992: "Mehrdimensionales Diagnose- und Interventionsmodell").

c) Schließlich muß der Stotter-Therapeut aus der überindividuell und idealtypisch konzipierten Therapietheorie sein individuelles, auf den Einzelfall bezogenes pädagogisch-therapeutisches Konzept ableiten.

Nun ist aber auch der Entwurf des individuellen Therapieplanes beileibe kein solch einfacher Ableitungsprozeß, wie er vielleicht von jenen Praktikern vermutet wird, die der Verführung der scheinbar offenen Struktur der idealtypisch konzipierten Kombination direkter und indirekter Therapiemethoden (SCHOOR 1992, HAESELING 1993) erliegen und aufgrund bloßer begrifflicher Übereinstimmung ihre Therapiemaßnahmen jedweder Couleur als theoretisch begründet ansehen.

Der Entwurf einer individuellen Therapietheorie durch den Praktiker ist vielmehr ein Prozeß der Generierung und Überprüfung von Hypothesen analog dem erfahrungswissenschaftlichen Vorgehen; d. h. der Stotterer-Therapeut verhält sich wie ein subjektiver Wissenschaftler:

d) Zunächst entwirft er aufgrund seiner diagnostischen Tätigkeit eine "deskriptive syndromatische Struktur des Stotterverhaltens" (BRAUN 1992), die ihm den passenden Zugang zu dem mehrdimensionalen Bedingungsmodell erlaubt.

e) Im folgenden diagnostisch-hermeneutischen Rekonstruktionsprozeß versucht er, mit Hilfe der erfahrungswissenschaftlichen Stottermodelle die Dynamik des individuellen Bedingungsgefüges in der historisch-genetischen und aktual-genetischen Determiniertheit zu verstehen.

f) Mit diesem hypothetischen Wissen über die individuelle, dynamische Bedingungsstruktur (individualisierte Ätiologietheorie) werden nun Äquivalenzbeziehungen zur überindividuellen Therapietheorie hergestellt und, indem die individuelle Bedingungsstruktur auf den überindividuellen pädagogisch-therapeutischen Handlungsplan übertragen wird, die individuelle Therapietheorie in ihrer eigenen Dynamik festgelegt.

g) Die individuelle Therapietheorie liefert dem Stotterer-Therapeuten schließlich für den je individuellen Fall die Entscheidungshilfe bei der Festlegung der engeren Therapieziele und der Methoden bzw. Methodensysteme.

h) Welche Methoden letztendlich realisiert werden, hängt natürlich auch von den Verhaltens- und Persönlichkeitsmerkmalen des Therapeuten (BRAUN 1992) sowie den organisatorischen Möglichkeiten und Restriktionen seines Handlungsfeldes ab.

Es ist sicherlich einsichtig, daß in diesem hier idealtypisch dargestellten achtstufigen Prozeß der Genese eines individuellen Fallkonzeptes viele Tücken und Fehlerquellen verborgen sein können. Diese Fehlerquellen liegen aber nicht nur beim Praktiker als einem problemlösenden Alltags-Wissenschaftler, sondern sie liegen auch bei den von Erfahrungswissenschaftlern vorgelegten Ätiologie- und Therapiemodellen. Deshalb möchte ich im folgenden das jüngst vorgelegte Erklärungsmodell von MOTSCH (1992) etwas genauer betrachten.

2. Die Ätiologie- und Therapietheorie im idiographischen Betrachtungsmodell von MOTSCH

Der Begriff "idiographische Betrachtungsweise des Stotterns" (von MOTSCH 1983 treffender als "idiographische Betrachtung des Stotterers" bezeichnet) suggeriert fälschlicherweise bereits das Vorliegen einer Einzelfall-Theorie zum Stottern. Gemeint ist natürlich, daß das vorliegende Erklärungsmodell den theoretischen Rahmen für den Entwurf einer Einzelfall-Theorie abgeben kann. So wie im theoretischen Rahmenmodell verschiedene Theorieelemente unterschiedlichster Theorien (MOTSCH spricht hier von "Theoremen") in einer Art "Metatheorie" zusammengefaßt werden können, so muß auch der Therapeut beim Entwurf seiner subjektiven Ätiologietheorie Elemente verschiedener Theorien in einer "Metatheorie" zusammenfügen, um so das Bedingungsgefüge in seiner individuellen, dynamischen Verflochtenheit erklären zu können.

Im Gegensatz zu den anglo-amerikanischen Mehr-Faktoren-Modellen (z. B. MYERS/WALL 1982; vgl. SCHULZE/JOHANNSEN 1986), die mit ihrer begrifflichen und theoretischen Offenheit für den Entwurf individueller Fallkonzepte unbrauchbar sind, kann die "idiographische Betrachtung" als dynamisches Bedingungsmodell mit seiner inhärenten Ätiologietheorie - wiewohl ebenfalls sehr offen gehalten - zur Bildung individueller Theoriekonzepte eingesetzt werden. Folgende Axiome der Stottergenese können den individuellen diagnostischen Rekonstruktionsprozeß zielgerichtet leiten:

2.1. Den Ausgangspunkt der Entwicklung des Stotterns stellen fünf verschiedene Sprechablaufstörungen als sprachliche Grundauffälligkeiten dar, die mit organisch-konstitutionellen, psychischen und sozialen dispositionellen Faktoren in Verbindung stehen.

Ätiologiediagnostisch hilfreich ist hier zweifellos die differenzierte Auflistung der Sprechablaufstörungen, weniger hilfreich die fehlende theoretische Verbindung zwischen drei Dispositionen und fünf Sprechablaufstörungen. Da hier keine mathematische-, sondern sprachpathologische Kombinatorik gefragt ist, muß der Ätiologie-Diagnostiker selbst die theoretischen Grundannahmen ableiten. Sensu SCHOOR (1992) möchte ich sie wie folgt bezeichnen:
a) Redeunflüssigkeiten können organisch bedingt sein. Hierzu gehört das von MOTSCH zitierte "Poltern" (das ich als Störung der hierarchisch-sequentiellen, räumlichen und

zeitlichen Anordnung von sprachlichen Einheiten auf verschiedenen Sprachebenen verstehe), aber auch spezifischer die oralmotorischen Dyskinesien und Dyspraxien (GRAICHEN 1985), die sich teilweise auch im manuell-körpermotorischen Bereich festmachen lassen können.

b) Redeunflüssigkeiten können psychosozial bedingt sein. In dieser Kategorie führe ich MOTSCHs "Situative Sprechablaufstörungen" und die "Sprechablaufstörungen als Ausdruck einer verunsicherten Persönlichkeit".

c) Redeunflüssigkeiten können Folgen von Sprachentwicklungsstörungen sein. Für diese von MOTSCH als "Spracherwerbsstörungen" bezeichnete Gruppe können als Bedingungsfaktoren sowohl organische als auch psychosoziale Faktoren angeführt werden. Darüberhinaus gibt es auch Spracherwerbsstörungen, die weder psychisch noch organisch, sondern funktionell idiopathisch bedingt sind. Deshalb sollte - wie im Modell von HANSEN/IVEN 1992 geschehen - der sprachliche Faktor ("psycholinguistische Faktor") als dispositioneller Risikofaktor mitaufgeführt werden, da er für die Diagnose- und Therapietheorie von großer Bedeutung ist.

d) Redeunflüssigkeiten können entwicklungsbedingt "normal" sein. Sie werden von MOTSCH als "entwicklungsbedingte Sprechablaufstörungen" bezeichnet.

Mit den von MOTSCH postulierten sprachlichen Grundauffälligkeiten und ihrer - hier beschriebenen - unterschiedlichen Genese wird ein wesentlicher Schritt für die Ätiologie- und Therapietheorie getan, der aufgrund dynamischer Verflechtungen oder von systemischem oder einseitig kausalem Denken leicht übersehen wird: nämlich die klare Differenzierung in psychische und organische Bedingungsfaktoren. Auch im "dynamischen Modell" von HANSEN/IVEN (1992) ist dieser erfahrungswissenschaftliche Bedingungshintergrund leider nicht explizit aufgenommen.

Daß der psychosoziale Bedingungsfaktor mit eigener Erklärungsmächtigkeit ausgestattet ist, zeigen auch immer wieder theoretische Ansätze psychologischer Provenienz. So wird u.a. auch von BRAUN (1975) aufgezeigt, daß "Stottern" auf dem Hintergrund der "Double-Bind-Theorie" (WATZLAWICK u.a.) als gelernte Form der Vermeidung einer Beziehungsdefinition verstanden werden kann.

Es ist heute unumstritten, daß Stottern letztendlich das Endergebnis eines neuropsychologischen Prozesses ist. Aber mit dem Postulat der psychischen und organischen Bedingungsfaktoren (natürlich können beide auch gleichzeitig wirksam sein) ist es nicht mehr angebracht, die neuropsychologische Verflechtung so einseitig zu definieren, wie es z. B.

FIEDLER (1993) macht, wenn er Stottern als neurophysiologisches Problem sieht, das unter dem Einfluß psychologischer Bedingungen seine typischen Eigenarten bekommt. Stottern ist eben auch ein psychologisches Problem, das durch die neurophysiologischen Folgen seine Eigenart bekommt. Hätte FIEDLER nicht diese eingeschränkte Sichtweise, so käme er sicherlich auch nicht zu seinem therapietheoretischen Kernsatz, daß bei der Stottertherapie weiterhin nichts gegen eine systematische Sprechübungsbehandlung spräche (FIEDLER 1993). Was aber soll z. B. ein Vorschulkind, dessen Sprechablaufstörungen Ausdruck einer verunsicherten Persönlichkeit ist, mit einer systematischen Sprechübungsbehandlung anfangen? Sie ist schlicht kontraindiziert!

2.2. Die zweite zentrale Grundaussage im idiographischen Erklärungsmodell ist die, daß sich aus den sprachlichen Grundauffälligkeiten Stottern entwickelt, sofern Interaktionspartner die Sprechablaufstörungen bewußt machen, und sie den Kindern bewußt werden. Ätiologietheoretisch bedeutsam ist hier, daß nicht nur die Bezugspersonen als Diagnostiker mit ihren Diagnosen in den Blickwinkel geraten, sondern auch die intrapsychischen Verarbeitungsprozesse der Kinder. Folgende Postulate sind für die individuelle Diagnose-Theorie leitend:
a) Bestimmte Sprechunflüssigkeiten führen bei bestimmten Bezugspersonen zu Diagnosen.
b) Die Diagnosen bewerten das abweichende Sprech- und Sprachverhalten.
c) Die Kinder nehmen die Diagnosen wahr und verarbeiten sie.
d) Das Ergebnis des Verarbeitungsprozesses ist das Erleben von Inkongruenzen bzw. Dissonanzen zwischen Anspruch und sprachlicher Leistung ("Störungsbewußtsein").
e) Das Dissonanzerleben als intrapersonaler Konflikt führt zum angstauslösenden, quälenden Zustand, der ... letztlich zum Stottern führt.

Leider fehlt hier im Erklärungsmodell von MOTSCH - wie auch im dynamischen Modell von HANSEN und IVEN - wiederum ein zentrales Theorieelement, das die Lücke zwischen intrapersonaler Konliktverarbeitung und dem Stottern als Sprechstörungssyndrom schließen kann. Das fehlende Theoriestück soll sensu FIEDLER (1992, 1993) und SCHOOR (1979, 1985, 1992) sowie zunächst mit Hilfe einer ANEKDOTE beschrieben werden:

Ein Tausendfüßler wurde gehässigerweise befragt, wie er die Bewegung seines 689. Beines bewerkstellige. Beim Suchen einer Antwort wurde er zu weiterer koordinierter Bewegung unfähig und blieb liegen (nach HACKER 1978).
Und was haben die Tausendfüßler und das Stottern gemeinsam?

Wird von außen in die Autoregulation von Bewegungsabläufen eingegriffen, so wird die Bewegung "bewußtseinspflichtig", obwohl sie nur teilweise "bewußtseinsfähig" ist (etwa die "kinästhetischen Meldungen", HACKER 1978). Beim Versuch der bewußten taktil-kinästhetischen Kontrolle, z.B. von Teilbewegungen im sprechmotorischen Bewegungsablauf, gerät das gesamte autoregulierte System durcheinander.

Ätiologietheoretisch bedeutet das:

f) Die Kinder versuchen ihr Versagenserlebnis, hervorgerufen durch den intrapsychischen Konflikt des "besser sprechen müssen - es aber nicht zu können", über die vermehrte Kontrolle ihres Sprechens auszugleichen. Sie strengen sich vermehrt an und stören durch die willentlich und bewußte Kontrolle des Sprechablaufs die Autoregulation der Prozesse. Ergebnis ist die Desynchronisation des Regelkreises von Atmung, Phonation und Oral- bzw. Artikulomotorik und damit verstärkte Sprechunflüssigkeit.

g) Die Kinder hören, spüren, fühlen, "sehen" (über die Reaktionen ihrer Interaktionspartner) ihre Sprechunflüssigkeit. Das Vermeidenwollen führt zum Ankämpfen (schneller und mit größerem Druck sprechen) und großem Anstrengungsverhalten, das nicht nur die Sprechmotorik, sondern weitere körpermotorische Bewegungsmuster tangiert (wie z.B. das mimische und gestische Ausdrucksverhalten).

h) Durch die erzwungene selbstzentrierte Aufmerksamkeit auf die körperlichen Abläufe werden die Sprechunflüssigkeiten-Vermeidungs-Anstrengungen zu einem neuropsychologischen Verhaltenssyndrom mit eigenem Rückmeldesystem (SCHOOR 1992: "Körper-Selbst"), das sich habituiert, und durch die Antizipation von konfliktträchtigen Kommunikationssituationen durch körpereigene Signale aktualisiert werden kann. Das Kind hat dann, wie es VAN RIPER (1986) ausdrückt, fehlangepaßte Reaktionen auf die drohende und erlebte Störung der Sprechunflüssigkeit gelernt (vgl. hierzu auch die Ausführungen in Abschnitt 3.3).

2.3. Die inter- und intrapersonelle Dynamik in den oben geschilderten neuropsychologischen Ablaufprozessen wird im idiographischen Modell in einem dritten Axiom aufgegriffen: Stottern entwickelt sich über die Zeit und über Zwischenstufen. Diagnose- und therapierelevant ist die Differenzierung in normale und pathologische Sprechunflüssigkeit und die differentialdiagnostische Trennung der pathologischen Sprechunflüssigkeit vom beginnenden und dem chronischen Stottern (Kriterien hierzu liefern z. B. RANDOLL/JEHLE 1990, JOHANNSEN/ SCHULZE 1992 und SCHOOR 1992).

2.4. Die dynamische Ausweitung und Chronifizierung der Störungssyndrome faßt das vierte Axiom: Der Mensch mit dem Selbstkonzept "Ich bin ein Stotterer" kann mit seinen Bewältigungsversuchen in seinem gesamten Verhaltens- und Erlebensbereich betroffen werden. Faßt man die bisherigen Ausführungen zusammen, so ist festzustellen, daß die "idiographische Betrachtungsweise des Stotterns" (MOTSCH) - wie auch das "dynamische Modell zur Entwicklung des Stotterns" (HANSEN/IVEN) - als mehrdimensionale, dynamische Ätiologietheorien den Zugang zur überindividuellen Therapietheorie ermöglichen - sofern sie um wichtige Theorieelemente, wie oben geschehen, ergänzt werden. Die aus den Grundaxiomen zur Pathogenese des Stotterns abgeleiteten Theoreme ermöglichen die Konzeption einer Therapietheorie, da sich zu jedem Theorem therapeutische Zielsetzungen, Ansatzpunkte und Methoden zuordnen lassen, d. h. jedes Theorem ergibt einen "therapiedidaktischen Angriffspunkt" (BRAUN 1992).

Nun werden weder über die "idiographische Betrachtung" noch über das "dynamische Entwicklungsmodell" irgendwelche Vorschläge übermittelt, die eine Verknüpfung von Theoremen und Therapiezielen erlauben lassen würden. Selbst HANSEN/IVEN, die ausdrücklich in ihrem Modell, "Mehrdimensionale Interventionen ... auf der Basis einer idiographischen ... Betrachtungsweise" (1992, S. 245) vorlegen möchten, lassen keinen expliziten Zusammenhang zwischen Ätiologie- und Therapietheorie erkennen.

Um den Stottertherapeuten, der sich für die einzelfallorientierte Therapie entsprechend dem individuellen Fallkonzept, d. h. für therapeutisches Handeln nach seiner subjektiven, für das einzelne Kind entworfenen Ätiologie- und Therapietheorie entscheidet, differenziertere Anhaltspunkte für den Entwurf des individuellen Fallkonzeptes an die Hand zu geben (wieviel einfacher wäre es doch, wenn er ein bestimmtes Methodensystem eines "Therapeuten-Guru" übernehmen würde...!), möchte ich im folgenden versuchen, Ätiologie- und Therapietheorie im Zusammenhang zu sehen. Basis sollen die im vorhergehenden Abschnitt beschriebenen Axiome und Theoreme zur Stottergenese sein.

3. Entwurf einer Ätiologie- und Therapietheorie des Stotterns

Mir ist klar, daß die vorgelegten Abbildungen 1 und 2 (siehe S. 100 bis 103) über das Bedingungsgefüge zur Ätiologie- und Therapie des Stotterns mindestens auf den ersten Blick nicht sehr benutzerfreundlich erscheinen. Ich hoffe aber, daß der zweite Blick dem Stottertherapeuten die Möglichkeit eröffnet, eine gut begründete, individualisierte Therapie zu entwerfen.

Abb. 1: Hypothetisches Bedingungsgefüge zur Ätiologie und Therapie von beginnendem Stottern bei Kindern

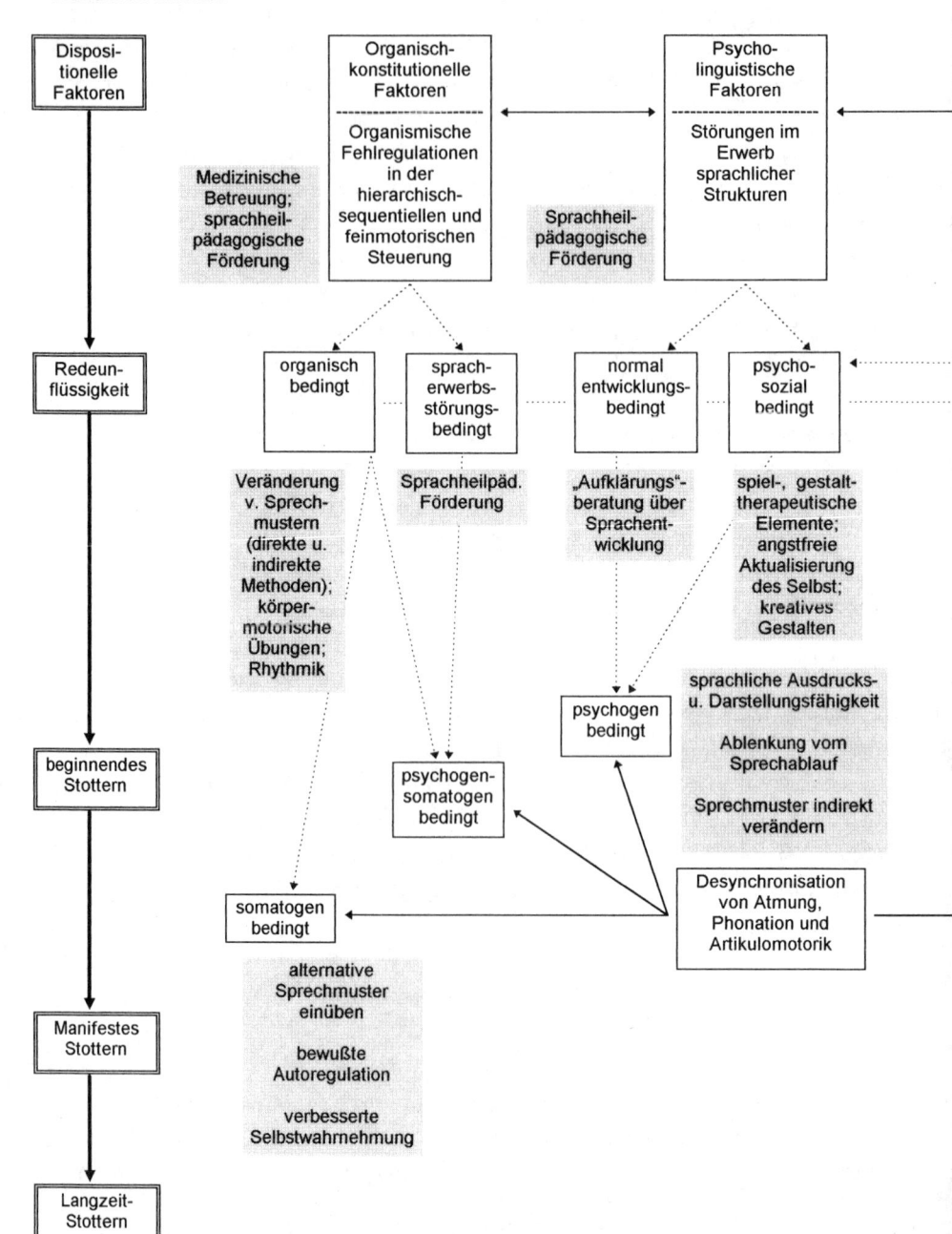

Dispositionelle Faktoren

Organisch-konstitutionelle Faktoren
Organismische Fehlregulationen in der hierarchisch-sequentiellen und feinmotorischen Steuerung

Medizinische Betreuung; sprachheilpädagogische Förderung

Psycholinguistische Faktoren
Störungen im Erwerb sprachlicher Strukturen

Sprachheilpädagogische Förderung

↓

Redeunflüssigkeit

- organisch bedingt
  - Veränderung v. Sprechmustern (direkte u. indirekte Methoden); körpermotorische Übungen; Rhythmik
- spracherwerbsstörungsbedingt
  - Sprachheilpäd. Förderung
- normal entwicklungsbedingt
  - „Aufklärungs"-beratung über Sprachentwicklung
- psychosozial bedingt
  - spiel-, gestalttherapeutische Elemente; angstfreie Aktualisierung des Selbst; kreatives Gestalten

psychogen bedingt

sprachliche Ausdrucks- u. Darstellungsfähigkeit

Ablenkung vom Sprechablauf

Sprechmuster indirekt verändern

psychogen-somatogen bedingt

↓

beginnendes Stottern

somatogen bedingt

Desynchronisation von Atmung, Phonation und Artikulomotorik

alternative Sprechmuster einüben

bewußte Autoregulation

verbesserte Selbstwahrnehmung

↓

Manifestes Stottern

↓

Langzeit-Stottern

Über den (fehlenden) Zusammenhang von Ätiologie- und Therapietheorie ...

	Psychische Faktoren		Soziale Faktoren
psychologisch-therapeutische Betreuung; angstfreie Aktualisierung des Selbst	Störungen im Aufbau des Ich-Konzepts	Sozialpädagogische Betreuung; psychologische Beratung; Familientherapie	Störungen in der interpersonellen Kommunikation durch konfliktbehaftete Familienkonstellationen
		Aufarbeitung kommunikativer Belastungs- u. Überforderungssituationen	Bezugspersonen als wertende Diagnostiker — Wertende Diagnosen von bedeutsam erlebten Kommunikationspartnern; Mißachtung vom Sprachinhalt
Autoregulation des Sprechablaufs	Kontrolle des Sprechablaufs — Störung der Autoregulation — Anstrengungsverhalten	erfolgreiches Sprachhandeln in interpersoneller Kommunikation	intrapersonaler Konflikt — Aufbau von Störungsbewußtsein durch Erleben der Redeunflüssigkeiten u. ihrer Konsequenzen — kognitiv-affektive Dissonanz zwischen sprechen wollen und sprechen können
positives Körpererleben Entspannung	Stotterer-Körperselbst — psychisch-körperliches Sprechunflüssigkeiten-Vermeidungssyndrom	Sprech- und Sprachspiele Übungen zum sprachlichen Ausdruck (Sprechleistungsstufen)	Aufbau des Selbskonzeptes der „Sprecher-Inkompetenz" — kognitiv-affektive Antizipation von Versagen — Störungserwartung — Aufbau angstbesetzter Konzepte bestimmter Kommunikationssituationen

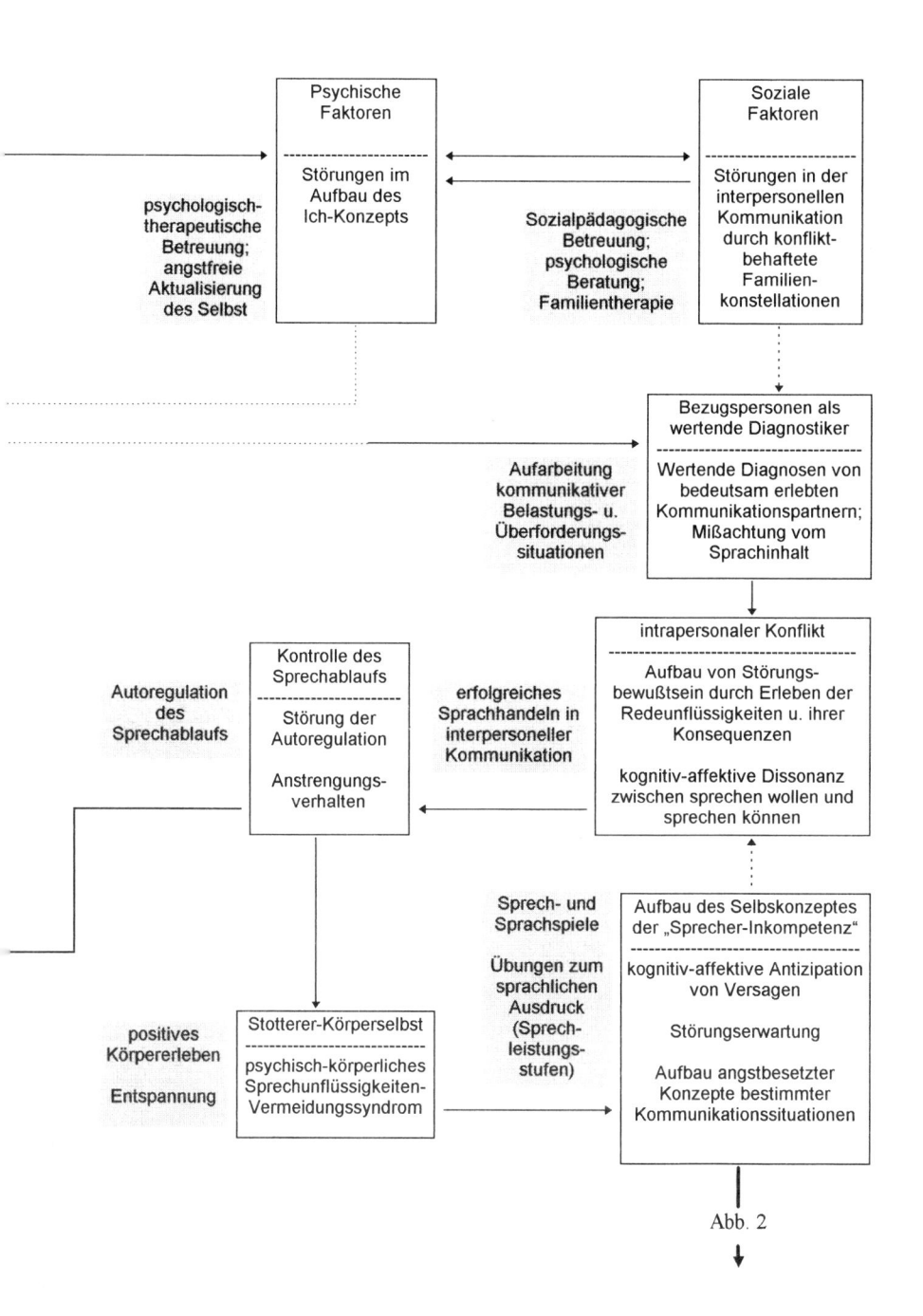

Abb. 2

Abb. 2: Hypothetisches Bedingungsgefüge zur Ätiologie und Therapie von manifestem Stottern bei Kindern

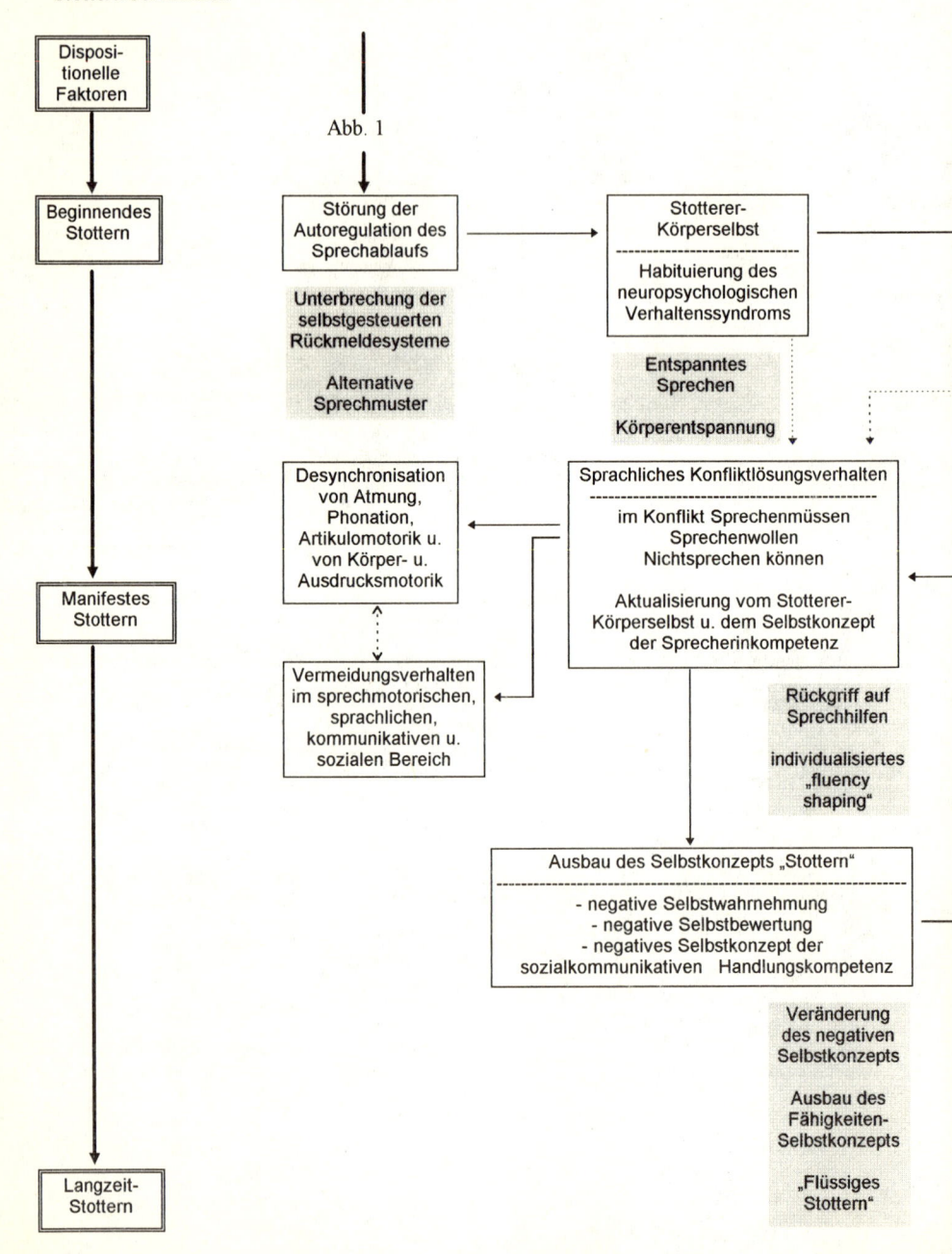

- Dispositionelle Faktoren
- Beginnendes Stottern
- Manifestes Stottern
- Langzeit-Stottern

Abb. 1

Störung der Autoregulation des Sprechablaufs
- Unterbrechung der selbstgesteuerten Rückmeldesysteme
- Alternative Sprechmuster

Stotterer-Körperselbst
- Habituierung des neuropsychologischen Verhaltenssyndroms
- Entspanntes Sprechen
- Körperentspannung

Desynchronisation von Atmung, Phonation, Artikulomotorik u. von Körper- u. Ausdrucksmotorik

Sprachliches Konfliktlösungsverhalten
- im Konflikt Sprechenmüssen Sprechenwollen Nichtsprechen können
- Aktualisierung vom Stotterer-Körperselbst u. dem Selbstkonzept der Sprecherinkompetenz

Vermeidungsverhalten im sprechmotorischen, sprachlichen, kommunikativen u. sozialen Bereich

- Rückgriff auf Sprechhilfen
- individualisiertes „fluency shaping"

Ausbau des Selbstkonzepts „Stottern"
- negative Selbstwahrnehmung
- negative Selbstbewertung
- negatives Selbstkonzept der sozialkommunikativen Handlungskompetenz

- Veränderung des negativen Selbstkonzepts
- Ausbau des Fähigkeiten-Selbstkonzepts
- „Flüssiges Stottern"

Ausbau des Selbstkonzepts
der Sprachhandlungsinkompetenz

Sprech- und Kommunikationsangst
Angst vor Stottern
Angst vor Sprechen
Angst vor Kommunikationssituationen

Abbau von Sprechangst
Stottern-zentrierte Rollenspiele

Kommunikationstraining

Kommunikation in vivo

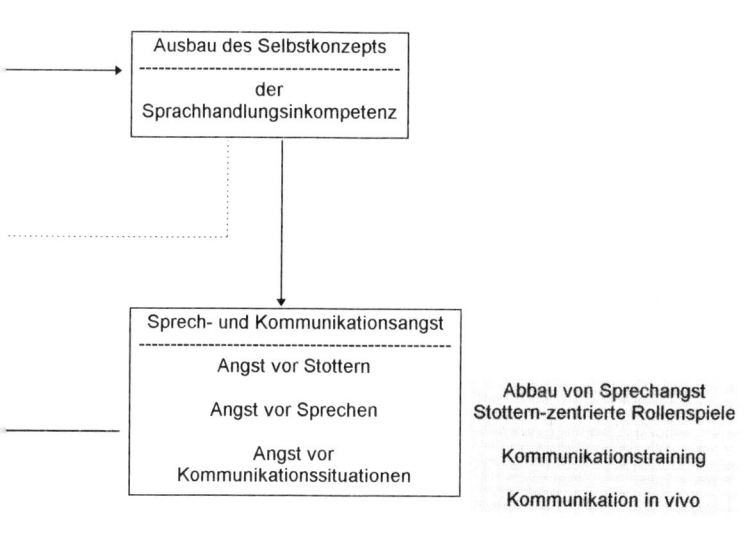

Bewältigungsstrategien
die sich unterschiedlich auf den gesamten Verhaltens- und Erlebensbereich auswirken

Lebensberatung

Beratung von Kommunikationspartnern

Das Schema soll ihm helfen, die Form und das Entwicklungsstadium der Redeunflüssigkeit festzumachen und mit den theoretischen Annahmen zur Ätiologie die zugeordneten Therapietheoreme zu systematisieren.

Da jeder Praktiker in der Regel über ein differenziertes Methodenrepertoire verfügen kann, ist es ausreichend, die Therapietheorie über die angegebenen Grobziele bzw. über die inhaltlich beschriebenen methodischen Angriffspunkte zu fundieren. Ich finde es durchaus als wünschenswerten Effekt, wenn der Praktiker mit Hilfe des Schemas zur Einsicht kommt, daß er nun weiß, warum er etwas macht, das er schon immer so gemacht hat.

Da ich die Therapieziele und ihre Realisation als Therapiebausteine eines methodenkombinierten, pädagogisch-therapeutischen Handlungsplanes bereits an anderer Stelle beschrieben habe (SCHOOR 1992), möchte ich mich hier noch auf wenige Anmerkungen beschränken:

3.1. Das vorgelegte Bedingungsgefüge ist eine hypothetische Struktur von interagierenden Faktoren auf verschiedenen Ebenen. Es liegen genügend Erfahrungen (und Veröffentlichungen) vor, die dem skizzierten dynamischen Ablauf zur Genese von Stottern einen hohen Wahrscheinlichkeitsgrad zuweisen. Jedes Theorieelement (graphisch: Kasten und Verbindungspfeil) kann für die Erklärung des Einzelfalles unterschiedliche Gewichtung haben - deshalb wird ja auch ein individualisiertes Fallkonzept entworfen - und so die große Variabilität des Stotterns erklären helfen.

Auch wenn das hypothetische theoretische Rahmenmodell plausibel erscheint und therapeutischem Handeln Sicherheit gewähren kann, so sind doch in Detailbereichen (Verknüpfung psychologischer-neuropsychologischer und neurophysiologischer Prozesse) immer noch viele Fragen offen.

3.2. Der Subgruppen-Ansatz im Bereich der Ursachen-Forschung wird zwar kritisch bis ablehnend kommentiert (MOTSCH 1992), doch kann man sich kaum der Tatsache verschließen, daß Diagnostiker und Therapeuten, die eine Vielzahl von Kindern betreut haben (z. B. FERNAU-HORN 1969, GRAICHEN u.a. 1985) organisch bzw. psychogen bedingte Redeunflüssigkeiten als ätiologische Subgruppen differenzieren, was sich sehr wohl auf die Art der pädagogisch-therapeutischen Arbeit auswirkt: Es gibt hirnorganisch beeinträchtigte Kinder, die durch Dyskinesien oder oral-motorische Dyspraxien unflüssig sprechen, dennoch munter und ohne Störungsbewußtsein darauflosplappern und in einem günstigen Interaktionsfeld aufwachsen. Warum sollten Eltern hier z.B. durch "Interaktionstraining" verunsichert werden, oder warum sollte den Kindern durch Sprechübungsprogramme die Lust am Sprechen genommen werden? Gefragt ist hier Aufklärungsberatung, damit Bezugspersonen keine negativ wertenden Diagnosen stellen, und gefragt sind hier bei den Kindern körpermotorische und rhythmische Übungen, die mit alternativen Sprechmustern verbunden sein können.

Und es gibt ebenso Kinder, die organisch völlig unauffällig sind, aber auf Grund der Bedingungen ihrer Persönlichkeitsentwicklung psychogene Redeunflüssigkeiten aufweisen. Hier ist die Anwendung alternativen Sprechens völlig unangebracht - wegen der Gefahr der Störung der Autoregulation des Sprechablaufs und der Erweiterung des Störungsbewußtseins. Gefragt ist die Förderung im sprachlich-kommunikativen und nichtsprachlichen Ausdrucksverhalten. Die Bezugspersonen sind gezielt zu beraten, damit kommunikative Stressoren möglichst ausgeschaltet werden.

Auch bei beginnendem Stottern ist sehr wohl eine unterschiedliche Vorgehensweise zu sehen. Zwar wird nun bei allen Bezugspersonen eine gezielte Betreuung notwendig, doch dürften die angestrebten Veränderungen im familiären Interaktionsfeld bei psychogener Form von größerer Reichweite sein. Auch bei der sprechtherapeutischen Vorgehensweise gibt es Unterschiede: Während bei somatogener Form die alternativen Sprechmuster (langsamer, weicher, länger, tönender, leiser sprechen) bewußt gemacht und gezielt geübt werden, liegt bei der psychogenen Form der Schwerpunkt auf der indirekten Beeinflussung der Sprechmuster und auf der Förderung kommunikativ-pragmatischer Fähigkeiten. Zur Begründung der unterschiedlichen Vorgehensweise möchte ich abschließend noch folgende theoretischen Überlegungen anführen:

3.3. Bei Kindern mit somatogen bedingter Form des beginnenden Stotterns werden den neuromuskulär verursachten Sprechunflüssigkeiten durch die erzwungene Autoregulation des Sprechens und der daraus resultierenden Desynchronisation des Sprech- und Sprechausdruckverhaltens weitere Sprechablaufstörungen "aufgepfropft" und durch den Aufbau des neuropsychologischen Verhaltenssyndroms "Anstrengungen zur Vermeidung von Sprechunflüssigkeit" das Bild des "Stotterns" erzeugt.

Erstes therapeutisches Ziel muß sein - und das gilt ebenso für psychogenes Stottern -, das selbst-regulative System des "Körperselbst" zu durchbrechen. Das Stotter-Körperselbst wird dadurch aufgebaut, daß die Rückmeldesignale diskoordinierter sprechmotorischer Abläufe (anfänglich sind es starke akustische und taktil-kinästhetische Reize, später sicherlich nur noch taktil-kinästhetische Reize geringster Intensität, die als Auslösersignal fungieren) Inputsignale für die Aktivierung des psychisch-körperlichen Notlösungsverhaltens sind (z. B. Erhöhung des Aktivierungsniveaus und des Muskeltonus, starke viszerale Veränderungen; vgl. hierzu auch "funktionelle Systeme" bei Orientierungsreaktionen; GRAICHEN 1992). Die propriorezeptiven, viszeralen Reize dieses neuropsychologischen Verhaltenssyndroms sind wiederum Input für die Steuerung der Sprach- und Sprechhandlungen.

Ziel der Theapie muß, wie gesagt, bei den Stotterformen sein, diesen fatalen Rückmeldekreis zu durchbrechen. Dies gelingt, wenn vom Rückmeldesystem für den Sprechablauf keine Alarmsignale mehr ausgehen. Erreicht wird dies, wenn der Fokus selbstzentrierter Aufmerksamkeit nicht mehr angstvoll dem Sprechablauf gilt und wenn durch alternative Sprechmuster ein neues Rückmeldesystem aufgebaut wird (beide Prinzipien sind schon immer Hauptbestandteil der meisten Stottertherapien).

Der therapiedidaktische Hauptunterschied bei somatogenem und psychogenem Stottern ist folgendermaßen begründet:
a) Die Kinder mit psychogenem Stottern sind schon immer ängstlicher mit ihrem Sprechen als Darstellungs- und Ausdrucksmittel umgegangen. Da sie aufgrund des intrapsychischen Konflikts noch angstvoller ihren Sprechablauf kontrollieren, darf die selbstzentrierte Aufmerksamkeit nicht immer wieder dem Sprechvorgang dienen (das gilt auch für Kinder mit zunächst entwicklungsbedingtem normalen Redeunflüssigkeiten). Das autoregulative System, das ja in vielen Kommunikationssituationen problemlos funktioniert, soll wieder aktiviert werden, indem vom Sprechen abgelenkt und zum erfolgreichen nichtsprachlichen und sprachlichen Darstellungs- und Ausdrucksverhalten hingeführt wird. Kontrollierte Anforderungen an das Sprachhandeln und alternative Sprechmuster, die indirekt in Sprech- und Sprachhandeln eingebettet sind, bilden das therapeutische Rüstzeug.
b) Bei Kindern mit somatogenem Stottern sollte die durch den intrapersonalen Konflikt ausgelöste angstvolle Kontrolle des Sprechvorgangs durch eine angstfreie Aufmerksamkeitsverlagerung auf den Sprechvorgang ersetzt werden. Da diese Kinder aufgrund ihrer neuromuskulären Diskoordinationsprobleme noch keine sichere Autoregulation aufbauen konnten, müssen sie diese lernen. Das kann zunächst nur über direkte, willentliche (akustische, taktil-kinästhetische, visuelle) Steuerung des Sprechvorgangs geschehen. Zum therapeutischen Geschick gehört, die Einführung und das Einüben alternativer Sprechmuster attraktiv, lustvoll, entspannend zu gestalten, und zu berücksichtigen, daß auch in der Sprechübungsbehandlung das Medium "Sprache" pragmatisch sinnvoll eingesetzt wird.

3.4. Die Therapie bei somatogener und psychogener Mischform des Stotterns wird je nach individualisiertem Ätiologiekonzept bei der direkten oder indirekten Vorgehensweise ihren Schwerpunkt setzen müssen.

Zu vermuten ist, daß bei der Therapie des beginnenden und auch des manifesten Stotterns der Erfolg (und der Mißerfolg) häufig darin begründet ist, daß die Passung zwischen somatogenem bzw. psychogenem Ätiologieschwerpunkt und der therapeutischen Schwerpunktsetzung gegeben (bzw. nicht gegeben) ist.

Literatur:

BRAUN, O.: Kommunikationspsychologische Aspekte der Sprachrehabilitation bei sprachgestörten Kindern und Jugendlichen. In: LOTZMANN, G. (Hrsg.):Sprachrehabilitation durch Kommunikation. München 1975, 64 - 74

BRAUN, O.: Stottern im Schulalter. In: GROHNFELD, M. (Hrsg.): Störungen der Redefähigkeit. Berlin 1992, 135 - 164

FIEDLER, P.: Neuropsychologische Grundlagen des Stotterns. In: GROHNFELDT, M. (Hrsg.): Störungen der Redefähigkeit. Berlin 1992, 43 - 61

FIEDLER, P.: Wege zu einer integrativen Theorie und Behandlung des Stotterns. In: JOHANNSEN, H. S.; SPRINGER, L.: Stottern. Münster 1993, 1 - 13

HAESELING, C: Stottern im (Vor-) Schulalter. Therapeutisch-didaktische Überlegungen. Berlin 1993

HANSEN, B.; IVEN, C.: Stottern bei Kindern im (Vor-) Schulalter. Dynamische Prozesse und individualisierte Sichtweisen in Diagnostik und Therapie. In: Die Sprachheilarbeit 37 (1992) 5, S. 240 - 267

GRAICHEN, J.: Organismische Fehlregulationen als direkte Ursachen von Redeflußstörungen (Stottern) in neuropsychologischer Differentialdiagnostik. Sprache - Stimme - Gehör 9 (1985), 34 - 40

GRAICHEN, J.: Die Steuerung des Verhaltens aus neuropsychologischer Sicht. In: dgs. (Hrsg.): Sprache - Verhalten - Lernen. Würzburg 1992, 335 - 414

HACKER, W.: Allgemeine Arbeits- und Ingenieurpsychologie, Berlin 1978

JEHLE, P.; RANDOLL, D.: Die Behandlung des beginnenden Stotterns: Bericht über die Entwicklung und erste Evaluation einer Konzeption zur Elternberatung und direkten Sprachförderung des Kindes. Forschungsbericht DIPF, Frankfurt 1987

JOHANNSEN, H. S.; SCHULZE, H.: Abgrenzungsphänomene: Prävention und Prognose. In: GROHNFELDT, M. (Hrsg.): Störungen der Redefähigkeit. Berlin 1992, 61 - 83

MOTSCH, H. J.: Stottern. In: ASCHENBRENNER, H.; RIEDER, K. (Hrsg.): Sprachheilpädagogische Praxis. Wien 1983

MOTSCH, H. J.: Die idiograhische Betrachtungsweise - Metatheorie des Stotterns - . In: GROHNFELDT, M. (Hrsg.): Handbuch der Sprachtherapie, Bd. 5: Störungen der Redefähigkeit. Berlin 1992, 21 - 43

RANDOLL, D.; JEHLE, P.: Therapeutische Interventionen beim beginnenden Stottern. Elternberatung und direkte Sprechförderung beim Kind. Eine Programmbeschreibung. Dortmund 1990

SCHOOR, U.: Sprachhandeln in psychischen Belastungssituationen. Hypothesen über den Bedingungshintergrund von Stottern. In: Die Sprachheilarbeit 24, 1979, 3, S. 89 - 96

SCHOOR, U.: Kann stotternden Kindern in der Sprachheilschule geholfen werden? In: Die Sprachheilarbeit 30, 1985, 2, 49 - 61

SCHOOR, U.: Stottern im Vorschulalter. In: GROHNFELDT, M. (Hrsg.): Handbuch der Sprachtherapie, Bd. 5: Störungen der Redefähigkeit: Berlin 1992, 105 - 135

SCHULZE, H.; JOHANNSEN, H. S.: Stottern bei Kindern im Vorschulalter. Ulm 1986

VAN RIPER, CH.: Die Behandlung des Stotterns. Solingen 1986

***

Prof. Udo Schoor

Fachbereich Sonderpädagogik der Pädagogischen Hochschule Ludwigsburg mit Sitz in Reutlingen

Lothar Werner
Aspekte zur Integration von Therapie und Unterricht in der Schule für Sprachbehinderte sowie in schulorganisatorisch integrativ organisierten Einrichtungen

Das sogenannte "Dualismusproblem", d. h. eine kind- und sachangemessene Verbindung von Unterricht und Therapie im Rahmen des Handlungsfeldes der Schule für Sprachbehinderte, beschäftigt uns nun schon seit Gründung der ersten Einrichtungen dieser Art in den 20er Jahren (dazu z. B. WERNER 1989, S. 172).

Eine Umfrage, die GROHNFELDT (1984, S. 157-166) im Jahre 1983 durchführte und wo er mehr als 150 Leiter von Sprachheilschulen in der Bundesrepublik und West-Berlin nach aktuellen Problemen der Sprachbehindertenpädagogik sowie nach besonders notwendig erscheinenden zukünftigen Aufgabenstellungen in unserem Fachgebiet befragte, ergab als eine der Antworten den Wunsch nach besserer Verbindung von Therapie und Unterricht.

Lösungsvorschläge hierzu (wie bei uns nicht selten), eher aus unterrichtspraktischen Notwendigkeiten gewonnen und weniger aus Theorievorgaben abgeleitet, liegen nun seit einigen Jahren vor und seien hier nochmals - ohne Anspruch auf Vollständigkeit - in alphabetischer Reihung der Autoren stichwortartig genannt:

BRAUN: Sprachtherapeutischer Unterricht
HOLTZ: Pädotherapeutische Handlungsangebote
HOMBURG: Sprachbehindertenpädagogisches Handeln
ORTHMANN: Pädotherapeutische Aspekte
WERNER: Therapieimmanenz bzw. -integration (Grohnfeldt 1987, S. 162; Werner 1989, S. 173)

Also: Vorschlägen zur Lösung des sogenannten "Dualismusproblems" auf der einen Seite stehen Bekundungen zumindest aus der Praxis, daß dieses nach wie vor eine "ungelöste" Frage sei, auf der anderen Seite gegenüber. Wo befinden wir uns denn nun wirklich?

Daß sich die Sprachbehindertenpädagogik unserer Tage verstärkt mit Theorie und Praxis einer schulorganisatorisch strukturierten Integration (sprach-)behinderter Kinder und Jugendlicher im Lernort **allgemeine** Schule zu befassen hat, zeigen z. B. die Ausführungen HOMBURGs (1993, S. 279-296) und - nicht zuletzt - die "Empfehlungen (der Kultusministerkonferenz) zur sonderpädagogischen Förderung in den Schulen der Bundesrepublik Deutschland" vom Mai 1994 sowie die "Empfehlungen zur Arbeit in der Grundschule" (ebenfalls KMK, Mai 1994, S. 16). Jene Empfehlungen sehen für den Förderschwerpunkt Sprache, Sprechen und kommunikatives Handeln unter anderem das Aufsuchen besonders ergiebiger Sprachlernsituationen vor, die methodenbewußt zu planen sowie aufzuarbeiten sind und die es den Schülern/innen mit Sprachstörungen bzw.-behinderungen möglich machen, sich als kommunikationsfähig zu erleben. Für den bei dieser Zielgruppe erforderlichen mehrdimensional angelegten sonderpädagogisch gestalteten Unterricht sei kommunikatives Handeln in natürlichen Situationen besonders wertvoll.

Diese KMK-Epfehlungen sind - berücksichtigt man die in einigen Bundesländern doch höchst zögerliche Annahme (und noch zurückhaltendere Umsetzung) der bildungstheoretischen und **bildungspolitischen** Aspekte der Integrationspädagogik - eine beachtliche politische Leistung und markieren den ganzen wesentlichen Paradigmenwechsel weg von der Institution hin zum Kind. Dies ist einer der Gründe für mich, sie auch an dieser Stelle in die Ausführungen einzubeziehen.

Bei gemeinsamer Unterrichtung von Kindern mit und ohne besonderen Förderbedarf in allgemeinen Schulen sei - so die Kultusministerkonferenz - die inhaltliche, methodische und organisatorische Einbeziehung pädagogischer Maßnahmen sowie individueller Unterrichtsziele und -inhalte in die Unterrichtsvorhaben für die gesamte Schulklasse sicherzustellen, wobei der sonderpädagogische Förderbedarf im und, wenn notwendig, auch neben dem Klassenunterricht stattfinde (S. 14). In gleicher Weise sehen dies auch die bereits genannten "Empfehlungen zur Arbeit in der Grundschule" vor (S. 16).

Was hier zur Einlösung sonderpädagogischen Förderbedarfes in **allgemeinen** Schulen gesagt ist, gilt in gleicher Weise für den Förderbedarf der Schüler/innen in **Schulen für Sprach-**

behinderte. Bereits im Jahre 1972 habe ich erste Überlegungen im Rahmen des von mir vertretenen Konzepts der Therapieimmanenz (zunächst noch synonym mit "Therapieintegration") und später - in Übernahme der von BRAUN, HOMBURG, TEUMER (1980, S. 9 f) vorgeschlagenen Gliederung möglicher Verbindungsstrukturen in: isoliert, additiv, integriert oder immanent - auch für Therapieintegration (dazu z. B. 1989, S. 172) aufzuzeigen versucht. Dabei wurden alle der oben genannten Verbindungsmöglichkeiten als unverzichtbare Teile des *ganzen* sprachbehindertenpädagogischen Handlungsfeldes gesehen.

Ich stehe nach wie vor zu meiner mehrfach geäußerten Feststellung, daß ein Gegenstandsbereich wie jener der Schule für Sprachbehinderte keine Daseinsberechtigung hat, wenn dort keine spezifischen auf den anthropogenen Voraussetzungen, d. h. den individuellen Lern- und Entwicklungsmöglichkeiten der dortigen Schülerschaft gegründeten - didaktischen und methodischen - Handlungsstrukturen realisiert werden. Auch schulorganisatorisch integrativ organisierte Einrichtungen, haben sich einer solchen Überprüfung zu stellen, sollen sie für sprachbehinderte Kinder alternativ zur Sonderbeschulung in Frage kommen. HOMBURG z. B. (1993, S. 279) hat in diesem Zusammenhang mögliche Divergenzen und Konvergenzen angesprochen, wie sie sich dann zwischen den Handlungsfeldern der Sprachbehindertenpädagogik und denen der Grundschulpädagogik ergeben.

Auf der Grundannahme einer Wesensgleichheit von (zumindest großen Teilen sprachbehindertenpädagogischer) Therapie mit Unterricht, womit sich die prinzipielle Verbindbarkeit beider Handlungsbereiche (s. auch WERNER 1989, S. 178) ergibt, haben wir in Heidelberg - bis hin in die Videodokumentation INTEGRATION SPRACHTHERAPEUTISCHER ASPEKTE IM UNTERRICHT EINER 1. KLASSE DER SCHULE FÜR SPRACHBEHINDERTE (mit Begleitschrift in: SCHLENKER-SCHULTE/SCHULTE 1986, S. 194 f) aufgezeigt, wie in einem auf die anthropogene Situation Sprachbehinderter adaptierten Unterricht Therapieintegration gestaltet sein kann. Weitere Darstellungen hierzu wären anzuschließen. Sie sollten dann auch in die *therapeutisch-erzieherische* Ebene hinein erweitert werden, wie dies - mit Bezug auf Entwicklungen und Störungen des SELBST bei sprachbehinderten Kindern - von HARTIG-GÖNNHEIMER angesprochen wurde und soweit das in solchen Darstellungsformen "abbildbar" ist.

Dabei geht es dann darum, Interventionen zur Förderung von Selbst- und Fremdwahrnehmung im schulischen Arbeitsfeld vorzustellen, wie
- Stimulieren und Evozieren

- Erkennen und Spiegeln
- Verbalisieren
- Optimales Frustrieren
- Konfrontieren
- Focussieren und Akzentuieren
- Analysieren und Strukturieren.

Des weiteren wären identifikatorische Prozesse zur Einleitung von Verhaltens- und Strukturveränderungen über
- Identifizieren
- Modellernen
- Projektives Identifizieren

anzusprechen sowie Beispiele steuernder Eingriffe bei der Entwicklung und Anwendung neuer Verhaltensweisen über
- Partielles Unterstützen
- Üben
- Operante Techniken
- Instruieren

(HARTIG-GÖNNHEIMER 1994, S. 297 -310)
aufzuzeigen.

Zu begrüßen wäre, wenn auch andere Ansätze zur Begründung sprachbehindertenpädagogischen Handelns (s. o.) weitere Konkretisierungen in die praktische Ebene hinein vorlegen würden.

Der didaktisch-theoretische Rahmen des von mir vertretenen Therapieintegrationsansatzes ist das *lehr- bzw. lerntheoretische* Didaktikmodell der "Berliner Schule", der allerdings auch mit Anteilen des "Hamburger Modells" (SCHULZ) ergänzt wurde, wie etwa dem Balancieren des
- thematischen Aspekts (Unterrichtsstoff)

mit dem
- personalen (sich als Lehrer und Schüler in einer Klasse Sprachbehinderter einbringen)

und dem
- Soziierungsaspekt (Beziehungsgestaltung zur optimalen Themenentfaltung, Ich-Stärkung und gegenseitigen Hilfe)

unter der emanzipatorischen Intentionalität von: Kompetenz, Autonomie und Solidarität (dazu auch: WERNER 1989, S. 181).

Da also emanzipatorische Intentionen ganz im Mittelpunkt unseres sprachbehindertenpädagogischen Handelns stehen, bekommen auch wesentliche Elemente interaktionistischer Didaktik Bedeutung. Erwähnen möchte ich hier z. B. BIERMANN (in KRON 1993, S 180 f) mit seiner Perspektive, Unterricht als Prozeß kommunikativen Handelns zu sehen, bei dem der Beziehungsaspekt aller Beteiligten besondere Beachtung erhält. Kommunikationsfördernde Indikatoren von Lehrer- und Schülerverhalten, wie sie BÖNSCH (1991, S. 46 f) beschrieb und von denen exemplarisch die folgenden genannt sein sollen, fließen in das unterrichtlichkommunikative Geschehen bei uns ein und strukturieren es ganz wesentlich.

Dabei ist zunächst das Lehrerverhalten mit deutlicher Bevorzugung des sozialintegrativen Führungsstils zu nennen, das korrespondierend bei den (sprachbehinderten) Schülern
- Selbständigkeit
- Neugier- und Fragehaltungen
- Initiative und Risikoverhalten
- Differenzierung der Wahrnehmung
- kritisches Denken und Urteilen
- Herangehen an Probleme und Problemlösungsverhalten
- Kreativität und Produktivität

fördern kann.

Soziale Beziehungen werden - so BÖNSCH (1991; S. 4S3) - immer wieder von Störungen emotionaler (Angst, Aggressivität usw.) und intellektueller Art (Mißverständnisse, Sprachschwierigkeiten usw.) bedroht. Jede/r Sprachbehindertenpädagoge/in wird dies aus vielfältigen täglichen Erziehungs- und Unterrichtserfahrungen sicher bestätigen. Da eine der zentralen Aufgaben des kommunikativen Unterrichts ist, die Sensibilisierung für individuelle Befindlichkeiten und Gruppenprozesse zu wecken bzw. mit dem Ziel aufzubauen, mehr Transparenz, Offenheit, Echtheit und Spontaneität in die Beziehungsstrukturen zu bringen („Kultivierung der Sozialbeziehungen" BÖNSCH 1991; S. 49), hat eine Didaktik unter dem Leitbegriff *Interaktion* in der Sprachbehindertenpädagogik besondere Bedeutung. Die Thematisierung emotionaler Bedürfnisse, die Störungsbearbeitung (s. auch HARTIG-GÖNNHEIMER - oben -) und die Stärkung von Verantwortung für sich und andere im Kommunikationsprozeß beschreiben das Handlungsfeld.
Manches von dem, was unser Konzept von Therapieintegration/-immanenz wesentlich strukturiert, findet sich auch in folgenden Veröffentlichungen aus unserem Fachgebiet:

DANNENBAUER/DIRNBERGER (1981), KALKOWSKI (1987), KÖPLIN (1983), FRÜHWIRTH (1987), SCHWETZ (1987), HACKL-REISINGER (1987).

Die anschließenden Darstellungen von Verbindungsmöglichkeiten materialer und therapeutischer Handlungsbereiche unter therapieintegrativem Aspekt (hier bezeichnet als "Sprachbehindertenpädagogische Aspekte") sind als **mögliche** Beispiele hierzu zu verstehen. Sie entstanden in Verbindung mit **praktischen** Anteilen unserer Studienangebote für die Tätigkeit an Schulen für Sprachbehinderte (ein Vorschlag stammt auch aus dem Elementarbereich). Weiter ist zu vermerken, daß bei einer solch stichwortartigen Darstellungsform eine Reihe anderer wichtiger Angaben (z. B. zur anthropogenen Situation der einzelnen Kinder, zu den weiteren Lernzielen auf den Handlungsebenen material und therapeutisch) eigentlich notwendig wäre, was jedoch Umfang und Rahmen des an dieser Stelle Möglichen gesprengt hätte. Ich hoffe dennoch, daß die gewählte Form und der ausgewählte Inhalt wesentliche Aspekte konkreter Verbindungsmöglichkeiten der „Schienen" erkennen läßt und zur weiteren Diskussion anregt, wie das auch HOMBURG (1993, S. 295) als dringend geboten anmahnte.

Mir jedenfalls scheint es nicht (mehr) gerechtfertigt, pauschal vom "ungelösten" Dualismusproblem zu sprechen. Wird der hier aufgezeigte Weg eingeschlagen (der in zusätzlicher Einzel- und Gruppentherapie Fundierung, Ergänzung bzw. Eweiterung erfährt), dann läßt sich eine solch globale Feststellung m. E. nicht mehr aufrecht erhalten. Dabei sind die "Sprachbehindertenpädagogischen Aspekte" sowohl in einer Sonderschule für Sprachbehinderte als auch in integrativ organisierten Bildungseinrichtungen zur Durchführung zu bringen, wenn dort die unverzichtbaren Infrastrukturen (z. B. Mehrlehrersystem) vorliegen.

Eher implizite Berücksichtigung findet bei den Beispielen der Aspekt erzieherisch-therapeutischen Handelns, wie er von HARTIG-GÖNNHEIMER (1994) angesprochen wurde. Er markiert, wie aufgezeigt, weitere wesentliche Teile unserer Arbeit. Beispiele seiner konkreten praktischen Umsetzung müssen zukünftigen Veröffentlichungen vorbehalten bleiben, wobei zu begrüßen wäre, wenn dies auch andernorts mitgestaltet werden könnte.

1. Elementarbereich:
Thema:
Mehrdimensionale Förderung einer Gruppe sprachbehinderter Kinder im Vorschulalter über „Die Schnecke"

Motivationsphase
Lehrerin stellt - ohne lautsprachliche Begleitung - geschlossene Schachtel, in der sich eine Schnecke befindet, auf Stuhl in die Mitte des Sitzkreises.
Ki.erraten den möglichen Inhalt, verbalisieren ihre Ideen.
Sprachbehindertenpädagogische Aspekte
Weckung der Sprechfreude; Anregung zum freien Sprechen gem. den individuellen Möglichkeiten der Kinder über den nonverbalen Impuls.
L/in greift Äußerungen einiger Kinder modifizierend auf (hier evtl.: syntaktische Ergänzungen - Expansionen - bei entwicklungsdysphasischen Kindern gem. dem in der Einzeltherapie so praktizierten Vorgehen).

....
....

Wahrnehmungs- und Gesprächsphase
L/in öffnet Schachtel und löst das Rätsel: "Das ist eine Schnecke!"
Ki.: Wiederholung bei unterschiedlicher Betonung des Satzes.
Sprachbehindertenpädagogische Aspekte
sprechbegleitend stakkatiertes/agogisches Silbenklatschen (hier:) zur Reduktion sprechmotorischer Störungen bei einigen Kindern.
(Förderung der Binnengliederung)
L/in gibt (aus der Einzel- und Gruppentherapie den Kindern vertraute) Korrekturhilfen, falls hier bei der Artikulation des "Sch"-Lautes (der „Schn"-Lautverbindung) Probleme phonetischer oder phonologischer Art auftreten.

....
....

L/in: Erzählt bitte, wie die Schnecke aussieht (was sie macht)!
L/in gibt bei Nennung wesentlicher Merkmale Impuls zur Nachahmung von z. B. Bewegungen und ermuntert zur vorsichtigen Berührung des Tieres.
Ki. kriechen, strecken "Fühler" aus, berühren die Schnecke und versprachlichen ihre Beobachtungen/Empfindungen.
Sprachbehindertenpädagogische Aspekte
Beobachtungsschulung, visuomotor. Koordination, Begriffsbildung und Wortschatzerweiterung (bes. Berücksichtigung finden hierbei z. B. Ki. mit Entwicklungsdsyphasie).

....
....

Rhythmisch-musikalische Gestaltungs- und Bewegungsphase
L/in zeigt Seil und beginnt, es in Form einer Spirale zu legen.
Ki. erkennen Spiralform ("Schneckenhaus") und helfen beim Vollenden der Spirale. L/in: Wir gehen auf/über dem Seil (Spirale) von außen nach innen in das Schneckenhaus
Sprachbehindertenpädagogische Aspekte
Schulung der Visuomotonk, der Grobmotorik und des Gleichgewichtssinnes.
Musikinstrumentenbegleitung im ("Kriech-")Takt; bei Aussetzen der Musik, Schnecke hält inne ("müde"), nach Wiedereinsetzen der Musik ('Triangel, Tambourin usw.): Schnecke streckt Fühler aus (Ki. recken die Arme) und kriecht weiter zur Spiralenmitte ("ins Haus").
....

2. Primarbereich:
Thema: Bildergeschichte aus der Reihe "Vater und Sohn"
(hier: Sohn läuft an Fenster vorbei, aus dem starker Rauch kommt, rennt weg und holt einen mit Wasser gefüllten Eimer, schüttet diesen in das geöffnete Fenster, aus dem dann der nasse Vater mit seiner so gelöschten Pfeife herausschaut).

Stufe der Motivation
L/in projiziert (over-head) erstes Bild, das allmählich immer deutlicher erkennbar (schärfer eingestellt) wird (stummer Bildimpuls) wartet dann, bis sich Schüler hierzu äußern.
Sprachbehindertenpädagogische Aspekte
Förderung von Aufmerksamkeit allgemein und Konzentration im besonderen auf das Stundenthema (beides bei vielen sprachbehinderten Kindern besonders förderbedürftig), Weckung der Sprechfreude bei Ki., die sich bezügl.
- der normgerechten Artikulation bestimmter Phoneme
- der Venwendung von Sprechhilfen/Übungssprachformen o. ä. (Stottern)
- der normgerechten Venwendung syntaktisch-morphologischer Strukturen
(jeweils in Einzel- und/oder Gruppentherapie angebahnt) in der Festigungsphase befinden, wird auf jeweils korrekte Sprach-/Sprechbeiträge geachtet und erforderlichenfalls - gem. den in der Therapie beschrittenen Wegen - helfend eingegriffen. (Wenn hier kind- und situationsgemäß unterstützt wird, d. h. ohne "Kunstfehler", beeinträchtigt dies in keiner Weise die Sprechfreude der Kinder, wie die Erfahrung zeigt!) Wo der aktuelle Therapiestand das jedoch noch nicht gestattet, gilt das Prinzip der "Toleranz noch nicht bewältigbarer Fehlleistungen".

Stufe der Schwierigkeiten
L/in gibt - nach Aufteilung der Klasse in Teilgruppen - den Auftrag, die auf ausgeteiltem Arbeitsblatt in ungeordneter Reihenfolge befindlichen Bilder auszuschneiden und in Gruppenarbeit die richtige Reihenfolge zu suchen.
Sprachbehindertenpädagogische Aspekte
Visuomotorisches Training (Ausschneiden möglichst genau entlang vorgegebener Rahmung der Bilder). Erweiterung der sozialen Kompetenz i. S. des Einübens in die Bewältigung gruppenspezifischer, interaktiver bzw. dialogischer Aufgaben und Prozesse (z. B. Förderung von Empathie und situationsadäquater kommunikativer Interaktionen - vgl. Pragmalinguistik -; zugleich: erhöhter Austausch von Informationen im Lern- und Erkenntnisprozeß über Gruppen- und Partnerarbeit (vgl. AEBLI z. B. in KRON 1993, S. 250).

Stufe der Lösung
L/in fordert (nach Beendigung der Teilgruppenarbeit) Kinder auf, ihre Ergebnisse vorzustellen. Anschließend: Bilder werden in richtiger Reihenfolge auf Arbeitsblatt geklebt und jeweils kurz beschriftet.
Sprachbehindertenpädagogische Aspekte
Schülerbeiträge auf lautsprachlicher, syntaktischer und morphologischer Ebene werden kontrolliert, erforderlichenfalls - gem. erreichtem Therapiestand - korrigiert.
(s. oben Motivationsphase)
Begriffs- und Wortschatzarbeit über das Sprachführungsmittel dieser Bilder (nach Anordnung in richtiger Reihenfolge).
Unterstützung rechtschreibschwacher Kinder beim Beschriften (z. B. Gestaltaufbauhilfen, Durchgliederungshilfen, Verwendung von Textbausteinen usw.) seitens L/in (vgl. auch: *Gebrauchs*wert- statt *Tausch*wertfunktion von Schriftsprache).
Stufe des Tuns und Ausführens
....
....

Thema: Richtige Ernährung für gesunde Zähne
Einstiegsphase
L/in heftet einige Puzzleteile an Tafel an: ein Kind mit kranken, ein Kind mit gesunden Zähnen darstellend. Schüler bauen sprechbegleitend Bilder korrekt dort zusammen, äußern Vermutungen, warum ein Kind kranke und eines gesunde Zähne haben könnte; z. B. Ernährung.

Sprachbehinertenpädagogische Aspekte
Kanalisierung der bei sprachbehinderten Kindern (oft) fluktuierenden Aufmerksamkeit (hier Konzentration auf Stundenthema).
Visuelle/visuo-motorische Perzeptions- bzw. Entwicklungsförderung (Zusammenbau der Bilder), Weckung von Sprechfreude (unter hervorgehobener Berücksichtigung/Beteiligung diesbezüglich noch besonders förderungsbedürftiger Kinder der Klasse).
Förderung pragmatischer Kompetenzen i. S. von: **Wie** werden kommunikative Ziele erreicht?
Zugleich Kontrolle (erforderlichenfalls Korrektur) der Schülerbeiträge gemäß dem von den Kindern in Einzel- bzw. Gruppentherapie erreichten Sprach-/Sprechstand; (ansonsten: Toleranz noch nicht bewältigbarer Fehlleistungen).
Erarbeitungsphase

1. Teilthema: (Zu-)Ordnen gesunder/zahnschädlicher Lebensmittel
L/in gibt - nach (Teil-)Gruppenbildung - jeder Gruppe einen Umschlag mit Bildern von Lebensmitteln, welche die Kinder nach zahngesund/zahnschädlich ordnen und dies (zunächst in ihrer jeweiligen Gruppe) begründen (Codierug der Wissensinhalte nach binomischen Merkmalen).
Sprachbehindertenpädagogische Aspekte
erhöhter Austausch von Informationen im Lern- und Erkenntnisprozeß über (Teil-) Gruppenarbeit (s. o. AEBLI)
Verbesserung der Gedächtnisleistungen der Kinder durch z. B.:
- Gruppierung von Inhalten
- Herausarbeitung von Oberbegriffen/Prinzipien
- Absuchen der Lernbereiche nach den Hinweisen: zahnschädlich/-gesund
Interdependenz von Denken und (Sprach-)Handeln weiter fördern bzw. festigen, damit:
- Strukturbildung nach PIAGET/AEBLI - als eine der Voraussetzungen *für* bzw. Ergebnis *von* Sprache und Sprechen (s. KRON 1993, S. 247; früher etwa auch: "rehabilitative Denkerziehung" sensu BECKER/SOVAK).

2. Teilthema: Vorstellung und Begründung des in den (Teil-)Gruppen erarbeiteten Sachverhaltes im Plenum
Sprachbehindertenpädagogische Aspekte
pragmalinguistische Förderung (s.o.)
Einsatz von Stimulierungstechniken seitens L/in z.B.:
- FA-Questions (z. B. bes. bei Dysgrammatismus im Therapie*anfangs*stadium)

- Parallel-Talking (z. B. während der Zuordnung der zahngesunden/-schädlichen Nahrungsmittel - s. o. binomische Codierung - durch die Kinder an der Tafel)
Einsatz von Modellierungstechniken seitens L/in:
- Expansion (syntaktische Ergänzungen bei entwicklungsdysphasischen Kindern mit/gemäß aktuellem Therapieschwerpunkt: *Dysgrammatismus*)
- Extension (semantische Ergänzungen z. B. bei entwicklungsdysphasischen Kindern mit/ gemäß aktuellem Therapieschwerpunkt *semantische* und *lexikalische* Förderung)

Schlußphase
schriftliche Absicherung der Unterrichtsergebnisse
(zugleich Erfolgskontrolle): Bearbeitung präformierten Materials seitens der Kinder
Sprachbehindertenpädagogische Aspekte
hier Schwerpunkt: Kinder mit **Schrift**sprachstörungen
- Vermittlung des möglichen *Gebrauchs*wertes (statt *Tausch*wert) einer schriftlichen Fixierung der Arbeitsergebnisse (z. B. Herstellung eines "Werbetextes" für (zahn-)gesunde Lebensmittel)
- individualisierte Vorbereitung der Materialien gemäß dem aktuellen Leistungsstand der Kinder auf schriftprachlichem Gebiet und demgemäßer Einsatz (z. B. Lückentextform; Zuordnungsaufgaben: Bild/Text; Umordnungsautgaben; Aufgaben in nicht gebundener Antwortform - s. auch WERNER 1975, S. 82)

Abschließend sei (nochmals) betont, daß Therapieintegration in der hier vorgestellten Weise, Einzel- und Gruppentherapie weder ersetzen will noch kann. Mikrounterricht (vgl. KLEBER in BÖNSCH, 1991, S. 36 f), mit seinen besonderen Möglichkeiten kompensatorischen Lernens, ist auch hier unverzichtbar. Nimmt man den von MOTSCH (1989, S. 73 f) z. B. angesprochenen Auftrag zur *Kommunikations*therapie ernst, dann bietet die Therapieintegration ganz hervorragende (Zwischen-) Schritte (Transferstufen) aus eben jenem Mikrounterricht in die Alltagsgestaltung von Kommunikation (KMK-Empfehlungen s. oben, S. 11: besonderer Wert kommunikativen Handelns in natürlichen Situationen). Auch der (zeitweilige) Einbezug von Eltern als wichtige Bezugspersonen der sprachbehinderten Kinder in ein therapieintegriertes Unterrichtsgeschehen (Warum eigentlich nicht?) wird weitere diagnostische und kommunikationstherapeutische Möglichkeiten eröffnen.

Literatur:

BONSCH, M.: Variable Lernwege. Ein Lehrbuch der Unterrichtsmethoden. Paderborn 1991

BRAUN, O./HOMBURG, G./TEUMER, J.: Grundlagen pädagogischen Handelns bei Sprachbehinderten. In: Die Sprachheilarbeit 25 (1980) 1, S. 1-17

DANNENBAUER, F. M./ DIRNBERGER, W.: Aspekte eines therapieorientierten Unterrichts in der Schule für Sprachbehinderte - Kriterien und Realisierungsmöglichkeiten für die Grundschule. In: Die Sprachheilarbeit 26 (1981) 6, S. 313-325

FRÜHWIRTH, I.: Der Buchstabentag - Rückblick auf zwei Jahre mehrdimensionale, multisensorielle Erarbeitung der Buchstaben in Sprachheilklassen. In: Der Sprachheilpädagoge 19 (1987) 4, S. 56-62

GROHNFELDT, M.: Problemfelder und Aufgabenbereiche der Sprachbehindertenpädagogik im Spiegel einer Meinungsumfrage. In: Die Sprachheilarbeit 29 (1984) 4, S. 157-166

GROHNFELDT, M.: Dualismus von Unterricht und Therapie - Eine spezifische Aufgabenstellung in der Schule für Sprachbehinderte. In: Die Sprachheilarbeit 32 (1987) 4, S. 162 - 168

HACKL-REISINGER, E.: Ein K-Tag. In: Der Sprachheilpädagoge 19 (1987) 4, S. 73 - 79

HARTIG-GÖNNHEIMER, M.: Entwicklung und Störungen des SELBST bei sprachbehinderten Kindern in: GROHNFELDT, M. (Hrsg.): Schriften zur Sprachheilpädagogik Bd. 5, Berlin 1994

HOMBURG, G.: Konvergenz von grundschul- und sprachheilpädagogischer Arbeit - ein Ansatzpunkt zu einer veränderten Grundschul- und Sprachheilpädagogik. In: Die Sprachheilarbeit 38 (1993) 6, S. 279 - 296

KALKOWSKI, H.: Therapeutische Aspekte im Klassenunterricht an der Schule für Sprachbehinderte - Erfahrungen aus dem Primarbereich. In: Die Sprachheilarbeit 32 (1987) 3, S. 109 - 119

KÖPLIN, W.: Möglichkeiten und Grenzen der Berücksichtigung von Sprachtherapie im Sachunterricht an der Schule für Sprachbehinderte. In: Deutsche Gesellschaft für Sprachheilpädagogik (Hrsg.): Konzepte und Organisationsformen zur Rehabilitation Sprachbehinderter (Tagungsbericht 1982), Hamburg 1983, S. 189-210

KRON, F. W.: Grundwissen Didaktik. München, Basel 1993

KULTUSMINISTERKONFERENZ: Empfehlungen zur sonderpädagogischen Förderung in den Schulen der Bundesrepublik Deutschland. Bonn 1994

KULTUSMINISTERKONFERENZ: Empfehlungen zur Arbeit in der Grundschule. Bonn 1994

MOTSCH, H.-J.: Sprach- oder Kommunikationstherapie? In: GROHNFELDT, M. (Hrsg): Handbuch der Sprachtherapie Bd. 1 „Grundlagen der Sprachtherapie". Berlin 1989, S. 73 - 95

SCHWETZ, M.: Ein Buchstabentag - Wir lernen das "Sch". In: Der Sprachheilpädagoge 19 (1987) 4, S. 63 - 72

WERNER, L.: Therapieimmanenz in der Schule für Sprachgeschädigte. In Die Sprachheilarbeit 20 (1975) 3, S. 77 - 83

WERNER, L. u. a.: Therapieintegration - Integration therapeutischer Aspekte im Unterricht einer 1. Klasse der Schule für Sprachbehinderte. In: SCHLENKER-SCHULTE, CH./SCHULTE, K.: Sprech-Lehr-Programm "Stammlertherapie". Villingen-Schwenningen 1986, S. 50 - 54 und S.194 - 204

WERNER, L.: Sprachtherapie im Schulalter. In: GROHNFELDT, M.. (Hrsg.): Handbuch der Sprachtherapie, Bd. 1: "Grundlagen der Sprachtherapie". Berlin 1989, S. 161 - 191

***

Prof. Dr. Lothar Werner
Didaktik der Sprachbehinderten
Pädagogische Hochschule Heidelberg

Edmund Westrich
Zur Bedeutung der Sprachtherapie

Gegenstand einer Sprachtherapie ist der in seiner Sprache beeinträchtigte Mensch. Wie andere menschliche Beeinträchtigungen sind auch die Sprachunzulänglichkeiten nur Symptome. Symptome aber bedürfen solange einer Auseinandersetzung mit dem Erscheinungsbild, bis man sie als sinnvoll-verstehbare Anzeichen für etwas Bestimmtes erkennt. Jede Diagnose ist ein Erkenntnisakt und somit mehr und etwas anderes als ein bloßes Registrieren oder Analysieren der ins Auge fallenden Details. Um bei Sprachbehinderten eine Therapie betreiben und die Bedeutung einer Sprachtherapie verstehen zu können, ist somit zuerst ein Verständnis der menschlichen Sprache erforderlich, weil an den Sprachsymptomen nicht ersehen werden kann, was sie bedingt.

1. Zum Verständnis der menschlichen Sprache

1.1. Was bei Sprachbehinderten beeinträchtigt ist

Weil Sprache für den Informationsaustausch des Menschen unerläßlich ist und Sprachbehinderte in der Kommunikation beeinträchtigt sind, bedarf es zweifellos einer Therapie ihrer Sprache als einer unmittelbar einleuchtenden Notwendigkeit.

Heißt dies nun aber, daß die Sprache gestört ist, die diese Menschen sprechen, oder heißt dies, daß diese Menschen beeinträchtigt sind, sich sprachlich verständlich zu machen? M. a. W.: Ist bei Sprachbehinderten die Sprache behindert oder die sprachrealisierende bzw. die sich durch Sprache artikulierende Person? Was ist behindert?

Vordergründig scheint „sprachbehindert" die Behinderung, Beeinträchtigung oder Störung der Sprache zu bedeuten. Im Deutschen ist das Wort der Sprache jedoch eine Abstraktion bzw. der Oberbegriff für verschiedene und unterschiedliche Sprachsachverhalte. Mit „Sprache" wird
- die Sprachfähigkeit des Menschen (frz. langage),

- das Informationssystem einer Sprachgemeinschaft (frz. langue)
- die Äußerung des Einzelnen (frz. parole) und
- das Sprachwerk (frz. parler)

benannt und zur Bezeichnung für alles, was informiert, herangezogen. Wenn von „Sprache" die Rede ist, bedarf es somit einer Besinnung auf den jeweiligen Sprachsachverhalt, um zu erkennen, von was die Rede ist bzw. was jemand mit „Sprache" meint.

Weil man bei „Sprache" meist an das Verständigungssystem einer Sprachgemeinschaft denkt, weil man Sprachen erlernt und die Spracheigentümlichkeiten einer Bevölkerungsschicht für sich betrachten und analysieren kann, wird auch bei Sprachbehinderten lediglich das Störungsbild der Sprache registriert, ohne daß man den sprachrealisierenden Menschen in die Diagnose einbezieht; - als wäre das Verständigungssystem einer Sprache dasselbe wie sein Sichverständlichmachen mit Hilfe der Zeichen einer Sprache.

Wer sich mit Sprachbehinderten befaßt, muß sich jedoch nicht um **die** Sprache, sondern um ein Verständnis der menschlichen **Sprachlichkeit** bemühen aus dem einfachen Grund, **weil kein Mensch eine Sprache spricht, sondern jeder *in* einer Sprache spricht als seine Sprache.** Wenn wir sprechen, artikulieren wir nicht die Zeichen einer Sprache, sondern Inhalte unseres Bewußtseins mit den Zeichen, deren Bedeutung wir erfaßt bzw. die wir begriffen haben. Wir äußern Worte und nicht Wörter; - ein kleiner, jedoch gravierender Unterschied, den man merkwürdigerweise meist übersieht.

Dabei ist für jeden einsehbar, daß er z.B. in Deutsch, in Französisch oder in Englisch spricht und nicht die deutsche, die französische oder englische Sprache. Auch wenn wir eine Sprache erlernen, sprechen wir in ihr bzw. durch sie und können eine Sprache nur erlernen, wenn wir bereits sprachlich sind, d. h. die Zeichen unserer Primärbezugspersonen verstehen und mit den begriffenen Zeichen über gedankliche Sachverhalte handeln wie sie.

Muttersprache ist nicht die Sprache, die die Mutter spricht, sondern ist der Mutter Sprache, indem wir ihre Äußerungen verstehen und unsere Gedanken äußern lernen mit den bei ihr wahrgenommenen und begriffenen Zeichen. Dies ist der Grund, weshalb niemand die Struktur der Sprache kennt, die er als Muttersprache spricht; - und weshalb auch Gehörlose sprachlich werden, indem sie die mimisch-gestischen und manuellen Zeichen ihrer Partner begreifen lernen und ihre Gedanken damit darzustellen verstehen als ihre Muttersprache.

Die Sprachfähigkeit bzw. die Sprachlichkeit des Menschen besteht im Sinnerfassen der Zeichen seiner Partner und im Darstellen der Gedanken mit den begriffenen Zeichen und ist nicht auf die Zeichen einer Lautsprache beschränkt.

Die Zeichen, mit denen sich jemand verständlich macht, sind somit nur der Außenaspekt und etwas anderes als sein Sichverständlichmachen als der Innenaspekt seiner Sprache.

Wer lediglich eine Sprache unzulänglich beherrscht, ist zwar sprachauffällig, aber nicht sprachbehindert, wenn er sich in seiner Muttersprache verständlich machen kann. Hier liegt der Unterschied zu den Sprachbehinderten, die ihrer Mutter Äußerungen oder den Zeichen irgendeiner Sprache nicht oder nur unzulänglich den Sinn entnehmen oder begriffene Zeichen nicht gemäß den Partnervorlagen zu äußern oder nicht adäquat zu sagen vermögen, was sie denken. Dies sind die Unzulänglichkeiten, auf die Sprachsymptome verweisen.

In-der-Sprache-behindert bzw. beeinträchtigt-sein ist somit etwas anderes als eine Sprache unzulänglich sprechen. Ob man sich also mit der **Sprache eines Menschen** befaßt, d. h. den Zeichen, mit denen er sich verständlich macht und ihren physiologischen Bedingungen - wie es in der einschlägigen Literatur fast nur geschieht - oder mit **eines Menschen Sprache,** d. h. seiner Fähigkeit, den Zeichen seiner Partner einen Sinn zu entnehmen und seine Gedanken darzustellen mit den begriffenen Zeichen - was eine Besinnung auf die im Menschen liegenden Bedingungen erforderlich macht -, ist ein qualitativer Unterschied.

Weil jeder Mensch **sich,** d. h. Inhalte seines Bewußtseins mit den begriffenen Zeichen einer Sprache artikuliert, wenn er spricht bzw. etwas sagt und fragt, bedeutet sprachbehindert: **die sprachliche Unzulänglichkeit eines Menschen** und nicht eine Störung der Sprache. Bei Sprachbehinderten gilt es somit, ihre sprachlichen Unzulänglichkeiten zu verstehen und entsprechend anzugehen. Eine „gestörte Sprache" ist lediglich eine theoretische Fiktion, denn was wir vorfinden, sind stets Menschen, die entweder eine Sprache unzulänglich beherrschen oder die in ihrer Sprachfähigkeit beeinträchtigt sind. Nirgendwo findet sich eine gestörte Sprache.

1.2. Zur theoretischen Position

Weil die empirisch-positivistischen Wissenschaften jedoch nur das als Realität ansehen, was objektiviert zu werden vermag, wird der Mensch quasi von außen betrachtet und als ein „Organismus" bzw. als eine „Summation" angelegter Funktionen erklärt; - wobei alles Subjektive ausgeklammert wird, als ob es nicht existiert. Das Interesse gilt deshalb z. B. der Wahrnehmung, der Motorik, der Kognition und der Sprache eines Menschen und nicht dem Menschen, der wahrnimmt, handelt, denkt und spricht, - als ob nicht er „agieren" und „reagieren" würde.

So konnte man zwar das Wissen um die Funktionsstrukturen erweitern, jedoch nicht das Wissen um den Menschen als Person; - was nicht verwundert, wenn man schon die Sprache, in der er sich verständlich macht, mit seiner Sprachfähigkeit indentifiziert.

Die Medizin befaßt sich mit der Physiologie der Sprache - (offensichtlich der, in der sich jemand verständlich macht), beschreibt die Vorgänge bei der Lautbildung und die beim Sprechen und versucht, den neurophysiologischen Bedingungen der Sprache - (offensichtlich der Sprachfähigkeit) - auf die Spur zu kommen; - als wäre die Sprachlichkeit des Menschen ein angelegtes System und Sprache nur Lautsprache.

Die Linguistik dagegen interessiert sich für das System der jeweiligen Sprache und erforscht mit den Sozialwissenschaften die sprachliche Kommunikation, d. h. den **interpersonalen** Informationsaustausch, wie er zwischen einem Sender und Empfänger mit dem Medium einer Sprache erfolgt. Daß Sender und Empfänger auch einen **intrapersonalen** Informationsaustausch betreiben, indem sie Selbstgespräche führen bzw. mit sich selbst kommunizieren in einem Eigendialog, wird zwar gewußt, jedoch verdrängt, weil das Interesse dem System der Sprache gilt und nicht dem Menschen, der sich durch Sprache artikuliert bzw. der aus ihr spricht.

Da sich die sog. exakte Wissenschaft nur mit dem Erscheinungsbild der menschlichen Sprache befaßt und den sprachrealisierenden Menschen ignoriert, interpretiert sie die sprachlichen Unzulänglichkeiten als Störungsbilder der Sprache. Die semantisch-lexikalischen, syntaktisch-morphologischen und die phonetisch-phonologischen Abwegigkeiten sowie die sprechmotorischen Auffälligkeiten werden als Krankheitsbilder ausgewiesen und einer Behandlung zugeführt, - als wäre bei Sprachbehinderten die Sprache krank, deren System nicht oder nicht richtig funktioniert.

Dabei vermag - bis heute - niemand zu sagen, wo die Sprache im Menschen ist (welche Sprache auch?). Weil sich die menschliche Sprachfähigkeit weder hirnorganisch lokalisieren noch hirnphysiologisch erklären läßt, gehen Spekulationen dahin, sie in die Kognition (PIAGET) oder die Handlungsmotorik (HOMBURG) zu integrieren; - obwohl man sie als ein eigenes System ausweist.

Da bei anderen die Sprache ein eigenes Geschehen scheint, wird das Erscheinungsbild als die Wirklichkeit der menschlichen Sprache angesehen und kommt - aufgrund der empirischen Interpretation - von der Sprache als einem eigenen Funktionssystem nicht los, obwohl in der Ausstattung des Menschen kein einziges Organ existiert, das lediglich oder primär für die Sprache fungiert.

Tatsache ist, daß der Mensch weder eigenständige Sprach- noch Sprechorgane besitzt. Nach den Gesetzen der Logik kann somit seine Sprache gar kein angelegtes Funktionsgeschehen sein und die Sprache sich entwickeln, weil nur etwas Angelegtes sich entwickeln kann. Begriffe wie Sprachentwicklung und Sprachentwicklungsstörung treffen demnach nicht den Sachverhalt.

Wenn aber die Sprache sich nicht entwickeln kann, der Mensch jedoch sprachlich wird und über Sprache verfügt, muß folglich der **Mensch als Mensch,** d. h. er als Person „angelegt" sein auf Sprache und sich Sprache „entwickeln", indem er den Zeichen seiner Partner den Sinn entnehmen lernt und mit den begriffenen Zeichen Inhalte seines Bewußtseins sich und anderen artikuliert als **seine Sprache.** Seine, deine, meine Sprache ist somit ein subjektiver Akt, an dem nur „formale Kriterien" ersehen werden können.

Auch wenn diese Interpretation jedem positivistischen Denken widerspricht, so ist sie doch folgerichtig und die einzig mögliche Konsequenz aus den Gegebenheiten; - abgesehen davon, daß jeder Mensch die subjektive Gewißheit besitzt, seine Gedanken mit den begriffenen Zeichen einer Sprache und nicht die Zeichen einer Sprache zu artikulieren, wenn er spricht bzw. etwas sagt oder fragt.

Stellt man sich dieser Wirklichkeit, dann besitzt der Mensch nicht eine Sprache, sondern ist sprachlich; und seine Sprache ist eine eigenkreative, ichhaft-ichbewußte Tätigkeit, wobei er mit den bei seinen Partnern wahrgenommenen und begriffenen Zeichen Inhalte seines Bewußtseins sich und anderen artikuliert. Kein Wunder, daß ein Kind erst sprachlich wird, wenn es zu begreifen beginnt und jemand da ist, der zu und mit ihm spricht.

Sprachliche Unzulänglichkeiten verweisen demnach auf Beeinträchtigungen in den Erlebensbedingungen der jeweiligen Person und sind nur von daher zu verstehen. Nicht die Sprache, sondern die in **ihrer Sprache** beeinträchtigte Person bedarf somit einer Diagnose und Förderung als Sprachtherapie.

So wird verstehbar, weshalb jeder Mensch je nach Partner oder Gesprächssituation hin und wieder alle Arten sprachlicher Unzulänglichkeiten zeigt, indem er z. B. Schwierigkeiten bei der Worfindung oder der Satzbildung hat, sich verspricht, Worte „nuschelt", beim Reden sich verheddert oder keinen Laut über die Lippen bringt, obwohl er über die volle Sprachkompetenz verfügt, - und an den „Pannen" nicht ersehen werden kann, was sie bedingt.

Die Sprachwirklichkeit des Menschen ist - offensichtlich - mehr und etwas anderes, als was unsere Sinne registrieren. Wen wunderts, daß sich gerade an den sprachlichen Unzulänglichkeiten die Geister scheiden einer naturwissenschaftlichen, empirisch-symptomatologischen und einer geisteswissenschaftlichen, phänomenologisch-ganzheitlichen Interpretation; - und daß das jeweilige Menschenbild das Sprachverständnis bestimmt.

1.3. Zum Menschenbild

Zweifellos ist alles, was lebt, miteinander verwandt, jedoch im Menschen gelangt der Vorgang des Lebens zum Bewußtsein seiner selbst. Der Mensch wird sich als Ich bewußt. Natürlich besitzt seine Ichbewußtheit eine körperliche Basis, - offensichtlich das Gehirn. Daß er für seine Ichidentität, für sein Denken und Sprechen das Gehirn benötigt, besagt jedoch nicht, daß das Gehirn denkt und spricht bzw. Denken und Sprechen lediglich Funktionen des Zerebrums sind.

Tatsache ist, daß ohne eine Ichbewußtheit nirgendwo Sprache existiert, was nicht verwundert, da alles Sprachliche symbolischer Natur ist. Weil jedoch nicht alles Symbolische sprachlicher Natur ist, muß das Symbolische dem Sprachlichen vor- und übergeordnet und eine Ichbewußtheit vorhanden sein, die symbolisiert. Zerebralfunktionen vermögen ebensowenig von sich aus Symbolisationen vorzunehmen, d. h. Zeichen den Sinn zu entnehmen und etwas Gedachtes darzustellen mit den begriffenen Zeichen, wie ein Computer, der ohne Programmierer hilflos ist. Das Zerebrum stellt somit nur die physiologischen Substrate. Es macht die Ichbewußtheit des Menschen aus, daß er nach Sinn suchen, Zeichen zu deuten und Gedanken mit den bei den Partnern wahrgenommenen und begriffenen Zeichen sich und anderen darzustellen und nach sich und anderen zu fragen vermag.

Und diese Tatsache zwingt, **den Menschen als eine strukturierte, ichhaft-ichbewußte Ganzheit zu sehen, der als eine Icheinheit von Körperlichem, Psychischem und Geistigem wesenhaft ein Du benötigt, um ganz zu werden und ganz zu sein.**

Beeinträchtigungen in jedem dieser Bereiche ziehen stets die Person als ganze in Mitleidenschaft. Organunzulänglichkeiten sind nie nur Unzulänglichkeiten der Organe, und "funktionelle Störungen" verweisen auf intra- oder interpersonale Beeinträchtigungen, die sich lediglich in organischen Substraten manifestieren. Beim Menschen muß unterschieden werden zwischen den Leistungen seiner Organe und den Leistungen, die er mit ihnen als Person vollbringt.

So gibt es, - um im Bereich sprachlicher Unzulänglichkeiten zu bleiben, z. B. nicht **die Aphasie** als ein isoliertes oder isolierbares Krankheitsbild neurophysiologischer Funktionen, sondern nur Menschen, die aufgrund neurophysiologischer Läsionen ihrer Symbolisationsfähigkeit, d. h. ihrer Fähigkeit, etwas zu begreifen und zu handeln nach dem begriffenen Sinn, verlustig gegangen sind, was stets eine Einbuße ihrer ichhaft-ichbewußten Welt bedeutet.

Ein Wort repräsentiert einen begriffenen Bewußtseinsgegenstand und ein Satz einen begriffenen Sachverhalt, über den mit Worten gehandelt wird. Einen Sachverhalt, den wir nicht begreifen, können wir nicht verbalisieren, auch wenn man uns jedes einzelne Wort und die Satzstruktur einübt. Das Ergebnis ist höchstens eine Echolalie und keine Sprache.

Oder, so gibt es nicht **das Stottern** als eine funktionelle Störung im Zusammenspiel der am Sprechakt beteiligten Organfunktionen von Atmung, Stimmgebung und Artikulationsmotorik, sondern nur Menschen, die je nach Gesprächssituation aufgrund entsprechender Dialogerfahrungen - für ihr Gefühl - ihre gedankliche Position nur "stotternd" an den Mann oder die Frau zu bringen verstehen. Unsere Aussagen sind Bewertungen ausgesetzt; und Antworten müssen verantwortet werden.

Gefühle sind Ausdruck des Ichhaften, die dem Menschen das Zustandsbild seiner Person und das der Partnerrelation unmittelbar ins Bewußtsein spiegeln als Basis seines Innenlebens; - weshalb bei allen sprachlichen Äußerungen immer auch die Eigen- und Sozialgefühle eine Rolle spielen, auch wenn sie nicht objektivierbar sind.

Weil der auf Symbolisation angelegte Mensch stets mit sich Gespräche führt und seine Gedanken anderen artikuliert, um sich und die "Welt" zu verstehen und um verstanden zu werden bzw. um Antworten zu erhalten, bedürfen nicht nur Sprachsymptome einer Diagnose von den personalen Bedingungen des Menschen her, um ihnen gerecht zu werden.

Obwohl viele Sprachtherapeuten sich um ein ganzheitliches Verständnis der Sprachbehinderten bemühen, klammern sie, - weil sie "sprachbehindert" nicht als "sprachliche Unzulänglichkeit" zu interpretieren lernten -, deren und ihre eigene Sprache von der Ganzheitsbetrachtung aus und therapieren die Störungsbilder der Sprache, indem sie sich am empirischen Sprachverständnis der Medizin und der Linguistik orientieren.

Diese Disziplinen studieren aber, - wie erwähnt, - lediglich die Sprache bei anderen, weil ihnen die eigene Sprache - wie alles Subjektive - suspekt erscheint und sehen im Registrierbaren die Wirklichkeit der Sprache dieser Menschen, hinter der nichts anderes zu stehen scheint. Dabei vermögen sie aber nur die Wirklichkeit der Sprache zu erfassen, in der sich diese Menschen verständlich machen, und nicht die Sprachwirklichkeit dieser Menschen, d.h. die Bedingungen ihres Sichverständlichmachens, die sich nur ersehen lassen, wenn man sich mit dem sprachrealisierenden Subjekt befaßt. Die Bedingungen sprachlicher Unzulänglichkeiten können ebensowenig an den Symptombildern ersehen werden wie, ob jemand lediglich eine Sprache unzulänglich spricht oder ob er sprachbehindert ist.

Da Gehörlose, um deren Förderung man sich von altersher bemüht, nicht oder nur unzulänglich zur Lautsprache finden, - weil sie sie nicht hören -, und Sprachbehinderte unzulänglich sprechen, - obwohl sie hören -, wird - unreflektiert - das Gemeinsame der Unzulänglichkeit in der Sprache (?) gesehen und werden die "Sprachaufbau- bzw. die Sprachanbahnungshilfen" bei Hörbehinderten auf Sprachbehinderte übertragen.

Daß bei Hörbehinderten - in der Regel - nur die Lautsprache betroffen ist, während Sprachbehinderte in ihrer Sprachfähigkeit beeinträchtigt sind, wird durch das empirische Fixiertsein auf die "Sprache" ebenso übersehen wie, daß die Therapieerfolge bei Sprachbehinderten weniger den angewandten Techniken und Methoden als vielmehr den "pädagogischen Interventionen" zu verdanken sind, ohne die keine Sprachtherapie gelingt. Nicht von ungefähr fordert die einschlägige Literatur mehr und mehr eine personbezogene bzw. personzentrierte Therapie, ohne jedoch das Personale transparent zu machen und darzulegen, daß nicht die gestörte Sprache bei einem Menschen, sondern der in seiner Sprachfähigkeit beeinträchtigte Mensch einer Förderung bedarf als Sprachtherapie; - wofür gewichtige Argumente sprechen.

1.4. Zu Argumenten

1.4.1. So spricht z. B. die Linguistik von den Sprachzeichen (Morpheme) als Sinnträger, ohne die Frage zu ventilieren, wer oder was diesen Sinnträgern den Sinn entnimmt. Das Wort "Sinn" kommt - übrigens - nicht von (lat.) sensus (Plural: die Sinne), sondern von (lat.) sentire, ahd. sinnan, sinnen und meint das "Erfühlen", das Erfassen dessen, was hinter dem Anschaulichen, den Handlungen und Vorgängen "verborgen" liegt. Eine Sinn-Entnahme sowie ein Handeln nach dem begriffenen Bild des Sinns vermag aber - wie erwähnt - nur eine Ichbewußtheit zu vollbringen, weil nur sie begreifen und über etwas Begriffenes berichten, Handlungen deuten und nach dem Gedeuteten handeln und etwas Persönliches sagen oder nach Persönlichem fragen kann.

Den Sinn von etwas zu erfassen, ist auch kein wesentlicher Denkakt (PIAGET), sondern ein für das begriffliche Denken wesentlicher Akt. Es gibt ein vor- und außerbegriffliches Denken. Erst mit dem Begreifen von Zeichen erhält der Mensch Begriffe, die zu seinem Denken hinzutreten und ein begriffliches Denken ermöglichen: wie auch nur ein begriffliches Denken ein Denken in Sprache ist, wodurch wir mit uns selbst in ein Gespräch treten und unsere Gedanken mit anderen teilen können.

Im übrigen spricht der Mensch nicht, weil er denkt, sondern denkt, indem er spricht, d. h. Gedanken mit begriffenen Zeichen sich und anderen artikuliert. (Die alte Forderung an das Kind: Denke zuerst, bevor du sprichst, ist somit unbillig und muß heißen: Sprich, damit du denken lernst und sagen lernst, was du denkst. Erst später gilt die Forderung: Bedenke zuerst, was oder wie du etwas sagst, was jedoch etwas völlig anderes meint.)

1.4.2. Sprachlich wird ein Kind, indem und wie es begrifftlich wird; und begrifflich wird das Kind durch den Dialog mit seiner "Mutter", die ihm den Sinn der Zeichen erschließen hilft. Das Begreifen ihrer Zeichen ist das Ursprüngliche und Begriffe und Worte das aus ihm Hervorgehende. Die Begrifflichkeit ist die Bedingung und Kehrseite unserer Sprachlichkeit. Zeichen, die uns nichts sagen bzw. deren Sinn wir nicht erfassen, bleiben lediglich anschauliche Gebilde. Nur was und wie wir etwas begreifen, geht ein und bestimmt unsere bewußte Welt und vermag verbalisiert zu werden. (Erst dieser Zusammenhang macht WITTGENSTEINs These bedeutsam: "Die Grenzen meiner Sprache sind die Grenzen meiner Welt.")

In der überkommenen Sprachpathologie findet sich jedoch kein einziges Wort über den Primat des Begreifens für alles Sprachliche.

Im übrigen verhilft das Sprachlichwerden dem Kind nicht nur zu einem Verständigungssystem, sondern zugleich zu einem Verständnis von sich und seinen Partnern und den Kulturgütern seiner Welt. Weil alle Sprachzeichen auf Konventionen beruhen und somit Partner nötig sind, die den Sinn vermitteln, den ein Kind erfassen bzw. erschließen lernen muß, erweist sich die menschliche Sprache als das **primärste Bildungsgut**; - und sprachliche Unzulänglichkeiten verweisen auf Beeinträchtigungen in der "Lebenswelt" der jeweiligen Person. Dies sind keine Spekulationen, sondern logische Konsequenzen, die sich aus der Tatsache ergeben, daß der Mensch keine eigene Sprache besitzt, sondern in einer Sprache spricht.

1.4.3. Die Medizin indessen spricht von "Sprachzentren" und "Sprechorganen", obwohl alle für die Sprache benötigten Organvoraussetzungen längst vor und neben der Sprachverwendung andere Funktionsaufgaben zu erfüllen haben.

Die sogenannten "Sprechorgane" dienen primär der Nahrungsaufnahme und stellen das "Gelände" für den akustischen Ausdruck vitaler Befindlichkeiten und stehen erst dann auch für die Lautsprache zur Verfügung. Weil Organbeeinträchtigungen immer all ihre Funktionsaufgaben in Mitleidenschaft ziehen, können motorisch-physiologische Unzulänglichkeiten, die lediglich beim Sprechen in Erscheinung treten, gar nicht organischer Natur sein, weil der Mensch keine eigenen Organe oder Motorik für das Sprechen besitzt.

Ähnliches gilt für die Annahme von eigenen "Zentren" für die Sprache. Unbestritten liegen bei Aphasien Läsionen in umschriebenen Zentralbereichen vor, nur besteht zwischen der Hirnläsion und der Sprachsymptomatik keine "Wenn-dann-Beziehung" (BAY, 1969). Dies verwundert nicht, weil der Mensch nicht eine Sprache spricht und mit den Aphasien stets auch Agraphien und Alexien, Akalkulien und alle Arten von Apraxien und Asemien zu diagnostizieren sind. Die Medizin registriert die einzelnen Ausfälle, ohne das Gemeinsame dieser Ausfälle zu interpretieren, daß jeweils der Sinn von etwas nicht mehr oder nur noch unzulänglich erfaßt oder nach dem erfaßten Sinn nicht mehr sinnvoll gehandelt werden kann. Die Zerebralläsionen beeinträchtigen somit die Symbolisationsmöglichkeiten der jeweiligen Person bzw. ihre begriffliche Welt und nicht nur die der Sprache.

Da jedoch nach dem Wissenschaftsverständnis des vorigen Jahrhunderts die Aphasien als der ersehnte Beweis angesehen wurden, daß die menschliche Sprache nichts "Geistiges" bzw. eine ichbewußte Tätigkeit, sondern eine angelegte biologische Funktion im Menschen ist, werden bis heute die aphasischen Symptome als eigene Krankheitsbilder ausgegeben, indem man auf Remissionen der Sprache verweist.

Daß Sprachremissionen Remissionen der Begrifflichkeit des jeweiligen Menschen sind, durch die er wieder seine Sprachlichkeit erlangt, wird nur von wenigen erkannt, und dies, obwohl immer wieder namhafte Aphasiologen und Phoniater die Aphasie als einen "Verlust der linguistischen Symbolisation" bezeichnen (so LEISCHNER 1974; LUCHSINGER/ARNOLD 1971), von einer Störung der Symbolhandlung (MEAD, 1926) oder von einer "Störung des begrifflichen Denkens" (BAY, 1957) reden und schon im vorigen Jahrhundert FINCKELNBURG von "Asymbolien" sprach.

Weil die Symbolisationsfähigkeit des Menschen sich der Empirie entzieht und auch die Geisteswissenschaften sich nur wenig mit der Symbolisation befassen, werden solche Interpretationen als unwissenschaftliche Spekulationen abgetan, - als wäre damit dieses Faktum aus der Welt.

Menschen, die aphasisch geworden sind, können noch denken, verstehen und sich bewegen, - sofern nicht zusätzliche Beeinträchtigungen sie daran hindern -, sie vermögen jedoch nur das noch zu begreifen und soweit nach begriffenen Vorstellungsbildern zu handeln, was sie noch und wie sie es zu symbolisieren verstehen; - und dies geht weit über das Sprachliche hinaus.

1.4.4. Die als "Zentren der Sprache" bezeichneten Zerebralbereiche dienen - offenbar - in vorsprachlich-vorbegrifflicher Zeit dem Kind, daß es "Reize der Außenwelt" als "bedeutsam" erfährt, - zumal das Bedeutsame zum Wahrnehmen hinzutritt und das Wahrgenommene das Bedeutsame nicht erklärt. Sodann, daß das Kind über Bedeutsamkeitserfahrungen verstehen lernt, daß im Wahrnehmen und Tun ein Sinn verborgen liegt und es nach dem verstandenen Sinn zu handeln lernt.

Wahrgenommen wird erst wirklich, wenn der Wahrnehmende dem Wahrgenommenen Bedeutung bemißt; und Erfahrungen sind nicht das, was wir erleben, sondern welche Bedeutung wir dem Erlebten geben und aus dem Erlebten machen.

Durch das Sinnerfahren strukturiert sich das Ichhafte des Kindes zu einer Ichbewußtheit aus, wodurch es die Bedeutung des Bedeutsamen, d. h. das Bedeutsame in seinem Sinn erfassen und sich als "handelndes Ich" (MERLEAU-PONTY) erkennen lernt als Voraussetzung, um die Zeichen seiner Partner deuten und Gedanken mit den begriffenen Zeichen äußern zu können. Mit dem Sinnerfassen wird jeder bewußte Wahrnehmungsakt zugleich zu einem Deutungsakt, d. h. das Wahrgenommene wird nach "Sinn" befragt, was als ein "Bewältigungsdrang" - wie der Erwerb aller psychisch-geistigen Bildung - zugleich ein Bemühen ist, sich etwas zu eigen zu machen.

"Nie ist Sprache gewesen, ehe Ansprache war", wie BUBER (1979) sagt; und: "Das Kind kennt das Du, bevor es sich als Ich erkennt."

In vorsprachlicher Zeit lernt das Kind verstehen, was die Mutter mit ihren Worten meint; nun lernt es, den Worten der Mutter den Sinn entnehmen, d.h. ihre Worte zu begreifen, - und damit eine andere Dimension "seiner Welt" zu erfahren. Verstehen ist etwas anderes als Begreifen und geht diesem voraus. Auch Tiere vermögen für sie Bedeutsames zu verstehen, können jedoch das Bedeutsame nicht in seinem Sinn erfassen, - was wir mit dem typisch deutschen Wort "begreifen" bezeichnen.

Um etwas zu begreifen, ist eine Ichbewußtheit erforderlich, weil hier nicht der Sinn einer Sache, sondern eine Sache in ihrem Sinn erfaßt bzw. erkannt werden muß.

Selbst wenn wir zu symbolisieren verstehen, verstehen wir oft nur den Sinn einer Äußerung, - was genügt, um zu wissen, welche Intention der Äußerung zugrundeliegt. Um aber auf die Äußerung eingehen, antworten und fragen zu können, muß nicht der Sinn der Äußerung, sondern die Äußerung in ihrem Sinn begriffen werden; - (weshalb wir nur hoffen können, daß man nicht nur den Sinn unserer Worte versteht, sondern unsere Worte in ihrem Sinn begreift).

1.4.5. Obwohl das Kind sprechen lernt, wie seine Partner zu und mit ihm sprechen, beginnt es - um das dritte Lebensjahr - sich selbst mit "Ich" zu benennen, ein Zeichen, daß seine Ichbewußtheit ein Ichbewußtsein erreicht haben muß, denn nur was man erkannt bzw. begriffen hat, vermag verbalisiert zu werden.

Das Kind lernt jetzt das Du begreifen und Zugang zu finden in die imaginäre Welt; wird dialogfähig und damit sozial kontrollierbar, weshalb es - je nach Situation - Ausreden zu gebrauchen, zu lügen oder umgekehrt Mitteilungen nicht zu glauben beginnt, oder schweigt, obwohl es sprechen kann als sinnvoll motivierte Verhaltensweisen, die sich von tierischen Äußerungsformen qualitativ unterscheiden. Das Darstellen begriffener Sachverhalte mit Hilfe von Zeichen ist etwas grundlegend anderes als Ausdrucksgesten und -gebärden verstandener Befindlichkeiten, die durch Dressuren forciert werden können.

Über entsprechende Dialogerfahrungen strukturiert sich mit der Pubertät das Ichbewußtsein zu einer Selbstbewußtheit aus; und nur in dialogischen Auseinandersetzungen mit sich und den Partnern vermag - im Laufe der Zeit - ein stabiles Selbstbewußtsein zu entstehen oder nicht.

Die Art, wie wir die Welt begreifen, das Bild von uns selbst, unserer Selbstsicherheit, unser Selbstvertrauen und unsere Verantwortlichkeit etc. sind abhängig von der Ansprache und den Antworten, die uns andere geben und den Fragen, die wir anderen stellen können. (Verantwortung entsteht durch die Antwort, die wir auf unsere Antworten erfahren; und ein Wort, das andere uns und wir anderen geben, bindet uns an uns und läßt uns Verantwortung erleben.)

Die Sprachfähigkeit des Menschen dient somit nicht nur der Kommunikation und Information, sondern zugleich dem Werden und Sichbehaupten des Menschen als Person. Um Sprachbehinderte sinnvoll helfen zu können, bedarf es somit nicht nur einer Reflexion der menschlichen Sprachlichkeit, sondern immer auch eine Reflexion der Bedingungen der jeweiligen Person, da sie es ist, die sich nur unzulänglich verständlich zu machen vermag und die nicht irgendeine Sprache unzulänglich spricht.

2. Zu den sprachlichen Unzulänglichkeiten und ihrer Therapie

Wenn man sich der Tatsache stellt, daß Sprache nur dort existiert, wo eine Ichbewußtheit vorhanden ist und kein Mensch eine Sprache, sondern sich artikuliert durch Sprache, dann liegt die Sprachfähigkeit des Menschen im Begreifen der Zeichen seiner Partner und im Darstellen seiner Gedanken mit den wahrgenommenen und begriffenen Zeichen. Die Störungsbilder seiner Sprache sind dann sprachliche Unzulänglichkeiten und sinnvoll-verstehbare Verhaltensweisen. Hinter jeder sprachlichen Unzulänglichkeit stehen dann erlebens- bzw. lernmäßige Beeinträchtigungen der jeweiligen Person, - gleichgültig, ob Störungen in den Organvoraussetzungen, in den Um- bzw. Mitweltbildungen oder ob eigenmotivationale Faktoren ihre Sprachfähigkeit verhindert oder behindert haben. Diese Beeinträchtigungen anzugehen, ist Aufgabe der Sprachtherapie, die somit ein Werk echter Persönlichkeitsbildung und -förderung betreibt, worin ihre besondere Bedeutung liegt.

2.1. Zu den aphasischen Symptomen

Wenn man begreift, daß Sprache eine Symbolisationsleistung des Menschen ist und alle psychisch-geistigen Leistungen physiologische Substrate bedingen, wird einsichtig, daß Zerebralläsionen die Symbolisationsfähigkeit beeinträchtigen können, wodurch er auch sprachlich auffällig wird.
Die aphasischen Erscheinungsbilder verweisen dann aber auf Beeinträchtigungen in der Begrifflichkeit der jeweiligen Person, (- da alles Sprachliche symbolischer Natur -), wodurch

der Mensch nicht mehr Sich-verstehen, Sich-verständlichmachen und Sich-verstanden fühlt; - was Therapeuten erforderlich macht, die ihm - soweit es die Zerebralläsionen erlauben - wieder die „begriffliche Welt" erschließen helfen als Sprachtherapie: - wie analog Zerebralfunktionen nur in Auseinandersetzung mit Lernmäßigem reifen (WURST).

Begrifflichkeit erschließt sich nur in einem hin- und hergehenden Gespräch und nicht im Einüben von Wörtern oder den Satzstrukturen einer Sprache. Begreifen läßt sich nicht „üben". Da beim Begreifen etwas in seinem Sinn erfaßt werden muß, kann nur das Vermitteln von Sinntragendem zum Begreifen anregen bzw. Begreifen „stimulieren".

Einem aphasisch gewordenen Menschen kann niemand die Auseinandersetzung mit seiner Beeinträchtigung nehmen. Sprachtherapeuten müssen jedoch „die Klopfzeichen wahrnehmen, die ein Aphasiker sendet, um wieder an die Erdoberfläche zu gelangen" (HEEP, 1986); - was bedeutet: in die „begriffliche Welt" zurückzufinden, die zugleich die Welt des Sprachlichen ist, indem sie auf ihn eingehen, ihn zu verstehen versuchen und mit ihm reden; - was oft mühsam ist.

Wenn ein Mensch nicht mehr oder noch nicht über Sprache verfügt, bedarf er der Ansprache, da sie das „Ichhafte" bzw. den „Kern der Person" zu berühren und Gefühle des An- und Aufgenommenseins zu vermitteln vermag als Basis für die Selbstannahme, für das Selbstvertrauen und das Sichdarstellen einer Person.

Auch wenn das Bild hinkt, läßt sich die Vorgehensweise des Therapeuten vergleichen mit einer Mutter, die ihrem zu-sprechen-beginnenden Kind zur entsprechenden Begrifflichkeit bzw. zur Sprachlichkeit verhilft. Nur daß „Aphasiker" - in der Regel - keine Kinder sind, so daß nicht nur ihre „prämorbide Persönlichkeitsstruktur" (LEISCHNER) berücksichtigt, sondern auch ihre Lebenserfahrungen und ihr augenblickliches Be- und Empfinden in das Gespräch mit einfließen müssen; - zumal sie noch weitgehend verstehen, nur Verstandenes nicht mehr oder nur bedingt begrifflich fassen und deshalb nicht oder nur bedingt nach Vorstellungsbildern handeln können. Wie ein Kind nur durch und über Ansprachen sprachlich wird, so benötigt ein „Aphasiker" Antworten, wobei er sich in den Worten wiedererkennen und nicht stets seine Grenzen erfahren muß. Die existentielle Not, die Ungeduld und Resignation bei vielen „Aphasikern" ist verstehbar, wenn man reflektiert, daß sie noch weitgehend ihre Situation „sehen", jedoch nicht wissen, wie sie aus ihr herausfinden sollen, - da menschliches Leben ausgerichtet ist auf die Begrifflichkeit. Wen wunderts, daß viele von einer Sprachtherapie nichts wissen wollen, die nur eine Korrektur des Systems ihrer Sprache oder nur eine Artikulationsbehandlung betreibt, weil dies nur vordergründig ihr Problem berührt.

2.2. Zu den Beeinträchtigungen im Zugang zur Sprache

Wenn man reflektiert, daß der Mensch beim Sprechen Inhalte seines Bewußtseins sich und anderen artikuliert, dann muß ein Kind erst über entsprechende Bewußtseinsinhalte verfügen, um sprachlich werden zu können. Nicht ungefähr liegt der Sprachbeginn - in der Regel - erst um bzw. nach dem ersten Lebensjahr.

Bewußtseinsinhalte bauen sich hierarchisch auf über Bedeutsamkeitserfahrungen beim Wahrnehmen, Greifen, Verstehen und Begreifen von Umweltgegebenheiten durch erzieherische Verhaltensweisen; wobei Beeinträchtigungen
- im Wahrnehmen (durch Sinnesausfälle und Agnosien),
- im Handeln (durch zerebrale Bewegungsstörungen),
- im Verstehen (durch Unzulänglichkeiten im Erfassen von Zusammenhängen),
- im Begreifen (durch Asymbolien) und
- im Mitweltverhalten (durch Deprivationen etc.)

die notwendigen Bedeutsamkeitserfahrungen verhindern oder behindern können und dadurch die bewußtseinsmäßigen Voraussetzungen mindern.

Wenn ein Kind nicht altersgemäß sprachlich wird, bedarf es - je nachdem - einer Förderung
- im elementaren Erfahren von Bedeutsamkeiten,
- im Verstehen des Sinns bedeutsamer Erfahrungen oder
- im Erfassen des Bedeutsamen in seinem Sinn

als Sprachtherapie, - wobei bei allen Maßnahmen Ansprachen erforderlich sind, damit das Kind die „Welt des Sprachlichen" erfahren lernt. Sprachanbahnungsmaßnahmen sind vergebliche Liebesmüh.

2.3. Zu den Unzulänglichkeiten beim Sprachlichwerden

Wenn man die Tatsache akzeptiert, daß die menschliche Sprache kein eigenes Funktionsgeschehen, sondern eine ichhaft-ichbewußte Tätigkeit des Menschen ist, dann ist das Sprachwerden ein ichbewußtes, lernprozessuales Geschehen, das bei Unzulänglichkeiten auf Beeinträchtigungen in den Lernbedingungen verweist.

Alles Wahrnehmen, Begreifen und Nachgestalten von Sinnvorlagen erfolgt nach Lerngesetzlichkeiten i. S. einer „Aktualgenese", indem zunächst nur „markante Sinnglieder" an den Vorlagen wahrgenommen, begriffen und nachgestaltet werden können und erst nach und nach - in einem Lernen durch Vergleich - die ganze Sinngestalt.

Aus diesem Grund vermag das Kind zunächst nur einzelne Worte zu äußern, wobei es stammelt und dysgrammatisch spricht. In Eigenkorrekturprozessen lernt es Form und Inhalt seiner Äußerungen den Äußerungen seiner Partner anzugleichen, wobei diese - meist unbewußt - die notwendige Hilfestellung leisten, indem sie bei Unzulänglichkeiten unmittelbar die korrekte „Norm" wiederholen. Unterbleibt diese Form der „Korrektur", ist das Kind überzeugt, richtig gesprochen zu haben; - wie alles, was nicht korrigiert wird, in Ordnung scheint.

Viele geistigbehinderte Kinder sind nur deshalb in ihrer „Sprachentwicklung'" zurück, weil ihre Partner - aus verstehbaren Gründen - ihre Äußerungen stets zu verstehen suchen, ohne das Gedeutete oder die sprachkorrekte Norm dem Kind immer wieder als Vorlage und zum Vergleich anzubieten, wodurch das „Lernen durch Vergleich" zum Stillstand kommt; - das sich als die Urform des Lernens erweist.

Da dem objektiven Drang zur Sprache das subjektive Bedürfnis nach Ansprache entspricht, gilt es bei „sprachentwicklungsgestörten" Kindern das Bedürfis nach Ansprache zu wecken in einem Klima, wo Dialog- und Sprechfreude, Verstehenwollen und Verstandenwerden dominieren, damit sie sich für die Äußerungen ihrer Partner interessieren und mit ihnen in ein Gespräch treten lernen als Sprachtherapie. Wortschatz, Grammatik, Syntax und Aussprache werden durch und im Dialog erlernt. Dem Sprachlichwerden widerstrebt jedes „Einüben" von Sprache. Die Parallele läßt sich bei Ausländerkindern ersehen, die unsere Sprache mit Leichtigkeit und in verblüffender Schnelligkeit erlernen, wenn sie einheimische Kinder finden, die mit ihnen spielen, weil sie verstehen und verstanden werden wollen. Durch Hineinversetzen in die Äußerungen ihrer Spielkameraden übernehmen sie deren Wort- und sprachliche Handlungsformen, ohne ein Wissen von der Struktur ihrer Sprache.

2.4. Zum dysgrammatischen Sprechen

Wenn man sich besinnt, daß der Mensch beim Sprechen Bewußtseinssachverhalte mit den Zeichen artikuliert, die er - und wie er sie - bei seinen Partnern wahrgenommen und begriffen hat, - und daß ein Satz einen Bewußtseinssachverhalt repräsentiert -, dann verweist ein dysgrammatisches Sprechen, daß die Äußerungen der Partner nur sinngemäß oder daß nur markante Sinnglieder begriffen werden und nicht die Äußerungen als Sinneinheiten eines Sachverhaltes.

Kein Kind erlernt die Syntax und Grammatik seiner Muttersprache. Das Syntaktisch-Morphologische bzw. das Fügen und Wandeln der Wörter zu Sätzen erfolgt nach dem Sinnerfassen und Erfahrungswissen, wie Partner Sachverhalte verbalisieren.

Erst wenn das Kind begreift, daß mit der Partneräußerung: „gemacht" alles Machen vorbei bzw. zu Ende ist, lernt es Vergangenheit erfahren und gestaltet - eigenkreativ per Analogie - alle Tätigkeiten, die vorbei sind, nach der begriffenen Form „gemacht" und spricht von: gegeßt, getrinkt, geschlaft, gegeht etc., obwohl es diese Formen nirgends hört. Das Begreifen bestimmt die Sprachstruktur, die lediglich ein durch Umgangserfahrungen erworbenes „Wissen" um sprachliche Formen ist. Wir machen vieles, wie andere es machen, sofern wir begreifen, was sie machen, ohne wissen zu müssen, wie wir machen, was wir machen. Ein Handeln, das sich im Tun bewährt, bedarf keiner wissenden Reflexion (WELLEK). Bei Kindern, die dysgrammatisch sprechen, gilt es somit, keine Satzmuster zu üben, sondern Sachverhalte zu erschließen als Sprachtherapie.

Daß dysgrammatisch sprechende Kinder häufg „Prüfsätze" mit mehr als fünf Wörtern nicht vorlagegemäß nachzusprechen verstehen, hat nichts mit einer „Hörmerkschwäche" zu tun, weil kein Mensch eine Äußerung mit mehr als fünf Wörtern korrekt nachzusprechen vermag, wenn er den Sinn der Äußerung nicht oder nur „Teile" begreift. Doch statt diese Tatsache zu reflektieren, wird meist eine Behandlung des „Dysgrammatismus" betrieben, als ob die Grammatik im Menschen angelegt oder ein Kind die Grammatik seiner Muttersprache erlernen würde.

2.5. Zu den Ausspracheunzulänglichkeiten

Wenn man registriert, daß bei der Lautsprache die Zeichen klangliche Sinngebilde bzw. sinntragende Klanggestalten sind, dann muß ein Kind mit dem Sinngehalt die Klanggestalt der Äußerungen seiner Partner erfassen lernen, um sich wie sie äußern zu können. Die "Klanggesichter" einer lautsprachlichen Äußerung sind eine Mixtur von Klängen und Geräuschen, wobei das einzelne "Klang-Geräusch" - der Sprachlaut - nur eine bedeutungsdifferenzierende Funktion besitzt.

Weil die jeweilige Bedeutung der klanglichen Sinngebilde interessiert und wir unsere Gedanken äußern mit und nach den begriffenen Klanggestalten, ist Aussprache nicht die Artikulation der Laute einer Sprache, sondern die akustische Realisation der auditiven Vorstellungsbilder der begriffenen Zeichen. Bei Ausspracheunzulänglichkeiten gilt es somit, die klangliche Vorstellung der begriffenen Zeichen nach der Partnernorm zu komplettieren und nicht die "korrekte" physiologische Position der Laute zu manipulieren. Wen wundert's, daß niemand - außer wenn er Phonetik studiert - um die physiologischen Vorgänge der Lautbildung weiß; und dies nicht wissen muß, weil die phonetisch-phonologische Steuerung nach den auditiven Vorstellungsbildern der begriffenen Zeichen erfolgt.

Kein Kind lernt Laute zu bilden und diese zu Wörtern addieren, sondern lernt die klanglichen Sinngebilde so zu realisieren, wie es sie bei seinen Partnern wahrgenommen und begriffen hat. Lall-Laute sind lediglich Ausdruck der vitalen Befindlichkeit. Sinngehalt und Formgestalt der Sprachzeichen werden an und miteinander erfaßt und erfahren, wie auch - in der Regel - die Formgestalt erst dann der Umweltvorlage entspricht, wenn das Kind in Sätzen zu reden vermag. Die Ausgliederung bzw. das Angleichen der Klanggestalten an das "Klangrelief" der Zeichen seiner Partner erfolgt über das Erfahren von Sinn- bzw. Bedeutungsunterschieden und ein allmähliches Heraushörenlernen sinndifferenzierender Klang- und Geräuschqualitäten bei einem Vergleich der eigenen Sprachprodukte mit denen der Partner.

Damit sich Gehörlose lautsprachlich äußern können, müssen ihnen die Laute einer Sprache eingebildet werden; - und nur hier läßt sich von Stammeln, d. h. von "Lautfehlbildungen" reden. Weil Hörende jedoch ihre eigenen Klangprodukte wahrnehmen können bzw. - nach V. RIPER - über einen "intrapersonalen Hörkreislauf" verfügen, vermögen sie bei einer Partnerkorrektur oder einem Diskrepanzerleben ihre Klangprodukte mit der Partnervorlage zu vergleichen und je nachdem der Partnernorm anzugleichen, d.h. eine Eigenkorrektur zu betreiben. Dies ist der Grund, weshalb die meisten Kinder zu einer korrekten Aussprache gelangen, ohne daß ihnen jemand die Lautbildung erklärt.

Bei partiell stammelnden Kindern gilt es somit wieder, den Prozeß des Eigenhörens zu erschließen, damit sie ihre noch unzulänglichen Vorstellungsbilder von den klanglichen Sinngestalten mit der Vorlage ihrer Partner vergleichen und angleichen lernen als Sprachtherapie. Da multipel stammelnde Kinder stets auch dysgrammatisch sprechen, ist eine „Nacherziehung" zu einem differenzierteren Wahrnehmen und Begreifen in allen Sinnesbereichen erforderlich.

Menschen mit Dysarthrien, mit Dysglossien oder LKG-Spalten (Palatolalien) benötigen neben einer speziellen Funktionsertüchtigung der gestörten Organvoraussetzungen, die eine normadäquate Realisation oder einen Vergleich mit der Partnervorlage verhindert haben, ebenfalls eine "Erziehung zum Eigenhören", damit sie ihre Klangvorstellungen neu strukturieren und nach ihnen ihre Sprachprodukte steuern lernen.

Im übrigen besitzen Kinder - in der Regel bis zum Schuleintritt - noch gar kein Einzellautbewußtsein. Wen wundert's, daß manches Kind, das man im Alter von drei oder vier Jahren zu einer physiologisch korrekten Lautbildung "zwingt", danach zu stottern beginnt.

2.6. Zu den Redesymptomen

Wenn man sich vergegenwärtigt, daß der Mensch beim Reden seine Gedanken anderen artikuliert, dann wird verstehbar, daß er - je nach Partner oder Gesprächssituation - nur das zu sagen vermag, was er für sein Gefühl anderen anvertrauen kann; und daß er bei negativen Dialogerfahrungen in eine personale Not gerät, was oder wie er etwas sagen soll, um nicht die notwendige Anerkennung und Wertschätzung zu verlieren.

Nach dem Sprechenlernen muß deshalb jedes Kind noch ein Dialogverhalten erlernen, um nicht völlig ungeschützt persönlichen Fragen ausgesetzt zu sein. Wen wundert's, daß um das dritte Lebensjahr, wenn das Kind sich selbst mit Ich benennt und das Ich zu erproben versucht, fast jedes Kind vorübergehend Unflüssigkeiten beim Reden zeigt und Ausreden zu entwickeln beginnt; und daß bei einigen Kindern - zunächst nur bei bestimmten Personen und auch später nur in Dialogsituationen - erstmals Redesymptome in Erscheinung treten.

Weil Erzieher meist betroffen reagieren, wenn ihr Kind nicht so redet, wie sie es erwarten, - sei es, daß es "ungehörige Worte" äußert, daß es Dialekt zu sprechen beginnt, oder vorlaut jedem ungeniert die "Wahrheit" sagt -, lösen seine Äußerungen - je nach Erziehungsstil unterschiedliche - Erziehungsmaßnahmen aus, wodurch das Kind die Unbefangenheit verliert, zu sagen, was und wie es denkt, - und beginnt das Konfliktfeld des Selbst- und Mitseins zu betreten.

Wird das Sagen zum Problem, weil man für sein Gefühl es niemand rechtmachen bzw. nie etwas sagen kann, ohne daß es zu einem Problem der Partner führt, dann entstehen in allen Sagesituationen "Bammelgefühle" bzw. Hemmungen, etwas zu sagen.

In dem Bemühen, die Partner zufriedenzustellen bzw. ihnen zu "entsprechen", kommt es zu Überhastungen und Verhastungen beim Sprechen und so zu Poltersymptomen. In dem Bemühen, ja nichts Falsches oder etwas falsch zu sagen, richtet sich das Augenmerk unwillkürlich auf das, was und wie man etwas sagt (mentale Dyspraxie), was zu Blockaden und einem stakkatohaften Sprechen führt und so zu Stottersymptomen. Die Erfahrung, daß man nicht für voll genommen wird, weil niemand hören will, was man sagt oder zu sagen hat, und alle Äußerungen abgewertet werden, läßt eine "Ohnmacht gegenüber dem Wort" entstehen, was zu mutistischen Reaktionen führt, - als jeweils verstehbaren Verhaltensweisen.

Weil physiologisch zwischen Sprechen, Reden und Sagen kein Unterschied besteht, werden diese Begriffe meist als Synonyma verstanden; (und da Sagen - wie Begreifen - ein typisch deutsches Wort ist, läßt es sich bei Übersetzungen aus anderen Sprachen auch kaum finden). Für die Person jedoch ist es nicht gleichgültig, ob sie nur sprechen, über etwas reden, oder ob sie sagen muß, was und wie sie über etwas denkt: Jeder Mensch kennt Situationen, wo er, obwohl er sprechen kann, nichts zu sagen vermag; oder viel redet, ohne etwas zu sagen.

Da beim Sagen die Person sich dekuvriert, kann sie je nach Partnerreaktion in ihrem Wert bestätigt werden und aufgebaut, aber auch "demontiert", so daß sie sich ihres Wertes beraubt, als ein "Versager" fühlt, was zu Einbußen im Selbstvertrauen und in künftigen Sagesituationen zu Insuffizienzgefühlen und einem "Sich-versagen" führt, das sich im Redeverhalten widerspiegelt. Weil durch Worte die Person kontrolliert werden kann, kennt jeder Mensch Sageängste vor allem dann, wenn er befürchtet, daß seine Aussagen als unzulänglich erkannt, er dadurch nicht anerkannt werden bzw. Prestigeeinbußen erleiden könnte. Wenn er sich der Aussage nicht entziehen kann und Ausreden nichts fruchten, stellen sich unwillkürlich Symptome eines sprachlichen Konfliktabwehr- oder eines Konfliktabkehrverhaltens ein, die sich nur quantitativ von Polter-, Stotter- oder mutistischen Reaktionen unterscheiden.

Vor allem in der Kindheit erfahrene Sageängste haben die Tendenz, sich zu verfestigen, weil sie meist keine Überprüfung auf ihre Richtigkeit erfahren, und lösen in allen Dialogsituationen Redesymptome aus als ein verstehbares Schutzverhalten vor möglichen negativen Partnerreaktionen. Worte können wehtun und tiefer und länger verletzen, als dies eine körperliche Wunde vermag.

Weil die Partner den Redesymptomen als unverständlichen Krankheitsbildern gegenüberstehen und entsprechend reagieren, vermögen die Symptome die Symptomträger von Aussagen zu suspendieren oder Aussagen zu "kaschieren", wodurch sie nie eigentlich ihre wirkliche Position bekennen müssen oder beim Wort genommen werden können; - was einerseits Sozialkonflikte mindert, jedoch andererseits zu intrapersonalen Problemen führt.

Worte - nicht Wörter - haben Macht; und wo Worte kränken und krankmachen, können nur Worte heilen. Wie ein Wort jemand außer sich zu bringen vermag, ihn verwirren oder lähmen kann, so kann ein Wort ihn wieder zu sich bringen, ihn sicher-machen und zum Handeln bewegen.

Menschen mit Redesymptomen benötigen keine Sprech- oder Redetechniken, sondern eine "Umerziehung zum freien Wort" als Sprachtherapie; - wobei die latenten Ängste der jeweiligen Person angesprochen, ihre verhastet-blockierten oder verschwiegenen Aussagen als verstehbare Verhaltensweisen erörtert und diskutiert werden müssen in einem vertraulichen Gespräch. Nicht auf die "Form" ihrer Rede, sondern auf das Gesagte muß eingegangen werden, damit sie wieder sich vertrauen und sich einbringen lernt in den konfliktträchtigen Dialog als Ort der Selbst- und Fremderfahrung. Nur in einem Dialog erschließt sich neue Erkenntnis bzw. eine neue Sicht der Dinge.

In dem Maße, wie die situativ beim Reden auffälige Person sich ernst- und angenommen bzw. sich verstanden fühlt, und sich zu ihrem Fehlverhalten bekennen lernt, schwinden ihre Symptome, - wie die Erfahrung zeigt. Auch wenn Redebeeinträchtigte meist anders argumentieren, wissen sie, daß sie sprechen können, und fühlen, was sie beengt; - das sie jedoch mit zunehmendem Alter mehr und mehr rationalisieren. Zu den menschlichen Paradoxien aber zählt, daß nicht "gute Argumente", sondern nur ein offenes Bekennen persönlicher Unzulänglichkeiten zu einer Ichstärke verhilft.

Ein offenes Bekennen ist jedoch nur möglich, wenn man für sein Gefühl dem Partner vertrauen kann, wenn er ansprechbar und erreichbar ist, und innerhalb des Möglichen Antworten gibt und Antworten fordert als ein Zeichen, daß man sich für ihn interessiert und um mögliche "Vertuschungsversuche" transparent und überflüssig zu machen.

Daß ein Gespräch als Therapie vonnöten ist, belegen die Analysen der Ausdrucksbilder der Redesymptome, die Signalcharakter besitzen.
- Jedes situativ auffällige Atmen verweist auf Beeinträchtigungen in den Sicherheitsgefühlen einer Person, auf ein Bedrohtfühlen, das auch das Sosein betrifft.
- Jede situativ verspannte oder verhauchte Stimme verweist auf Beeinträchtigungen in den Stimmigkeitsgefühlen einer Person, auf Unstimmigkeiten mit sich oder mit anderen.

- Jede situativ auffällige Motorik verweist auf Beeinträchtigungen in den Eigen- bzw. Selbstwertgefühlen einer Person, auf Gefühle des Überwacht- bzw. des Bewertetwerdens einer Handlung durch andere und signalisiert die Partnerrelation.
- Jede situative vegetative Reaktion verweist auf Beeinträchtigungen in den Entscheidungsgefühlen einer Person, auf Ängste, wie sie sich verhalten soll, um zu bestehen.
- Und jedes Schweigen verweist auf ein motiviertes "Sichausblenden" aus dem Dialog aus Angst vor negativen Reaktionen und Bewertungen.

Die Symptombilder der Redeauffälligkeiten verleiten zu Atem-, Stimm- und Sprechübungen sowie zu mancherlei Manipulationen, statt zu reflektieren, daß die Symptome nicht immer und nur situativ auftreten und nur ein Wort das notwendige Selbstvertrauen zurückgeben kann, das zum Wagnis des Sagens befähigt.

Menschen mit Sageängsten benötigen einen gleichberechtigten Dialog, bei dem die Aussagen des jeweils anderen ernstgenommen und werteractet werden, auf sie einzugehen; - was nicht ausschließt, daß widersprochen wird. Wie wir erst sicher werden können, etwas Richtiges gedacht zu haben, wenn andere uns zustimmen, so erhalten wir erst neue Perspektiven, wenn andere uns widersprechen, weil wir dadurch veranlaßt werden, unsere Argumente mit den Argumenten des anderen zu überdenken, wodurch wir Sachverhalte neu und mit anderen Augen sehen; - und gleichgültig ob wir uns zu seinen Argumenten bekennen können oder nicht, erfährt unsere Position eine andere Dimension.

Nicht daß, sondern wie widersprochen wird, wird zum Problem; wie nicht erzieherische Forderungen, sondern wie sie erfolgen, das Kind in Unsicherheiten und Ängste führt; - die einmal habituell geworden, nur durch und in einem gleichberechtigten Dialog behoben werden können, wenn auch nicht immer ohne Müh.

Im Raum der Erziehung werden permanent Sageängste gesetzt, ohne daß Erzieher dies wollen oder bemerken. Weil die sprachheilkundliche Literatur jedoch Sageängste als "Sprechängste" bzw. als fruste Formen der Angst vor dem physiologischen Vollzug der Sprache interpretiert und nicht, - was sie wirklich sind, - als Angst der jeweiligen Person, ihre Position zu bekennen, werden Sageängste meist bagatellisiert, weshalb sich auch kaum jemand um Prophylaxen bemüht. Hier liegt für die Sprachbehindertenpädagogik ein noch völlig brachliegendes Aufgabengebiet; zumal Sageängste nicht nur die psychisch-geistige bzw. die personale Entwicklung eines Menschen hemmen, sondern ihn auch um berufliche Entfaltungsmöglichkeiten bringen können, obwohl man nur vegetative Symptome sieht.

3. Zur Bedeutung der Sprachtherapie

Weil nur eine optimale Sprachlichkeit den Menschen zu einem entsprechenden Bewußtsein seiner selbst, zur Übernahme von anderen Bildungsgütern und einer echten Kommunikation befähigt, bedürfen Sprachbehinderte einer „Erziehung zur Sprachlichkeit" (WESTRICH, 1977) als einer elementar menschlichen und urpädagogischen Notwendigkeit. Sprachtherapie ist keine "Installation" der Sprache, sondern "Nacherziehung" des in seiner Sprache unzulänglichen Menschen, damit er sprachlich werden und sich sprachlich behaupten lernt.

Bei der Sprachtherapie kommt somit das Therapeutische in seiner Urbedeutung zum Tragen, indem sie den sprachunzulänglichen Menschen "heilzumachen" versucht durch erzieherische, d.h. von Absicht geleitete dialogische Verhaltensweisen, um ihm fehlende Erfahrungen zu vermitteln zu seiner individuellen Sprachlichkeit. Hierin liegt das Einmalige und die Bedeutung einer Sprachtherapie; - auch wenn (noch) nur wenige dies erkennen und anerkennen.

Wie die Notwendigkeit sprachtherapeutischer Maßnahmen so hängt auch ihre Bedeutung vom jeweiligen Verständnis des Menschenbildes ab, das jedoch "Wandlungen" unterliegt. Bis weit in die Neuzeit sah man das "Wesen des Menschen" in seiner Sprachlichkeit und in seiner Sprachlicheit den Ausdruck seiner "Geistigkeit". Sprachliche Unzulänglichkeiten galten demnach als Unzulänglichkeiten seines "Geistes", und da "Geistiges" nicht zu fassen war, vermochte man Sprachbehinderte nicht zu therapieren und kannte keine Sprachtherapie. Mit den naturwissenschaftlichen Entdeckungen veränderte sich das Menschenbild und mit ihm das Verständnis der menschlichen Sprache. Das Fragen nach dem "Wesen der Dinge" wurde abgelehnt und der "Substanzbegriff" durch den "Systembegriff" ersetzt; - wonach alle Dinge Teile bestimmter Systeme sind. Das Interesse galt jetzt dem System einer Sprache und der Sprache als einem im Menschen angelegten Funktionssystem; - so daß kein "Raum" mehr blieb für etwas "Ichhaftes", das die Dinge benennen, über sie reden und nach Persönlichem fragen konnte.

Da allen höheren menschlichen Fähigkeiten Zerebralfunktionen zugeordnet wurden, war Sprache nun eine Teilfunktion des Zerebrums und damit etwas Angelegtes, das - wie z. B. der Gesang der Vögel - der artspezifischen Verständigung dient und Entwicklungsbedingungen unterliegt.

Sprachliche Unzulänglichkeiten waren demnach Krankheitsbilder gestörter Sprach- oder Sprechfunktionen oder Folge der Beeinträchtigung der mit ihr irgendwie in Verbindung stehenden Kognition und/oder des Gehörs, wodurch eine medizinische (H-N-O) Diagnose notwendig wurde für eine "Sprachheil-Therapie". Obwohl die eruierten Dysfunktionen eine medizinische Indikation gefordert hätten, rief man nach Pädagogen für die Therapie, - die gewissermaßen als "Heilgymnasten" die unzulänglichen Sprach- oder Sprechfunktionen zu "sanieren" hatten als Sprachtherapie. (In den 20er Jahren hat der Wiener Sprachheilarzt FRÖSCHELS seine pädagogisch-tätigen Mitarbeiter nur deshalb "Logopäden" genannt, weil sie keine ausgebildeten Lehrer waren). So wird größtenteils bis heute bei Sprachbehinderten eine Sprach- bzw. Sprechübungsbehandlung betrieben, - obwohl in den letzten Jahrzehnten das Menschenbild sich änderte.

Im Bewußtsein der Öffentlichkeit entstand - nicht zuletzt durch das "funktionalistische" Menschenbild - eine "Sensibilisierung" für die Fragen des Lebens und Überlebens des Menschen und der Natur. Der Mensch in seinem individuellen Erleben (und nicht die Bausteine des Lebens), seine Lebensqualität und Verantwortung für das Leben (und nicht die Lebensfunktionen) bestimmen mehr und mehr das Menschenbild. Der Mensch wird nicht länger als ein "Objekt" begriffen, sondern als "mündiges Subjekt", das selbst zu denken, seine Gedanken zu verbalisieren und zu fragen versteht.

Dieser Wandel im Menschenbild ließ - erstmals in der Geschichte - die Probleme der Behinderten, d. h. der Menschen, die in ihrem Wahrnehmen, Handeln, Denken oder in ihrer Sprache beeinträchtigt sind, ins Bewußtsein der breiten Öffentlichkeit treten; was zur Folge hatte, daß ein Boom entstand hinsichtlich der Errichtung sonderpädagogischer bzw. therapeutischer Einrichtungen, um diesen Menschen eine ihnen gemäße Förderung angedeihen zu lassen.

Dies bedingte, daß nun nicht mehr symptomorientierte, sondern ganzheitliche Therapie- bzw. Förderkonzepte gefordert waren, - um die bis heute gerungen wird -, um den jeweils Behinderten zu erreichen. Bei Sprachbehinderten bedeutet dies, daß der Mensch, der in seiner Sprache unzulänglich ist, gesehen und verstanden werden muß und nicht die Störungsbilder der Sprache. Nicht von ungefähr wurde die Sprachheilpädagogik in Sprachbehindertenpädagogik umbenannt.

Offensichtlich durch die Sensibilisierung der Öffentlichkeit traten Äußerungen wie
- „Das bißchen Stammeln oder Stottern bedarf doch keiner Therapie. Früher gab es auch keine Sprachtherapie, und die Betroffenen vermochten sich im Leben zu behaupten." Oder:

- "Eine Sprachtherapie scheint dem kommunikationsästhetischen Bedürfnis der Zeit zu entspringen und keiner echten Notwendigkeit; weshalb man sie betreiben kann, wenn überflüssige "Mittel" zur Verfügung stehen."

immer mehr in den Hintergrund, weil man offenbar jetzt erst eigentlich den Menschen wahrnehmen lernte, der in seiner Sprache unzulänglich ist, - und unzulänglich ist, selbst wenn er nur "lispeln" sollte.

Erst die Beschäftigung mit dem Sprachbehinderten läßt erkennen, daß er in einer Sprache spricht und ohne Begreifen keine Sprache möglich ist. Begreifen setzt jedoch ein "Ich" bzw. eine Ichbewußtheit voraus; eine "Größe", die außerhalb jeder naturwissenschaftlichen Betrachtung liegt und dennoch "existiert". Nicht alles, was objektiv werden kann, ist eben schon die ganze Wirklichkeit. Offensichtlich werden wissenschaftliche "Dogmen" von der "Lebenswirklichkeit" relativiert.

Weil das, was und wie wir etwas erlernt und begriffen haben und das sich im Tun bewährt, eine gefühlsmäßige Barriere schafft gegenüber neuen Verstehens- und Handlungsweisen, macht verstehbar, warum Sprachtherapeuten immer noch die Symptome der Sprache therapieren und erklären, eine ganzheitliche Sicht zu vertreten, da sie Sprachtherapie nie im luftleeren Raum, sondern an Sprachbehinderten betreiben. Der kleine, jedoch gewichtige Unterschied, daß die sprachlichen Unzulänglichkeiten eines Menschen und nicht die Störungsbilder seiner Sprache einer Therapie bedürfen, wird nur von wenigen begriffen. Kein Wunder, daß die einschlägige Literatur die Bedeutung der Sprachtherapie kaum thematisiert; und für die Notwendigkeit einer Sprachtherapie nur fragwürdige Argumente anzubieten hat wie z.B.:
- weil die psychische Entwicklung unter der Sprachstörung leide,
- weil Sprachstörungen die Kontaktnahme mit der Umwelt erschweren;
- weil die Beherrschung der Muttersprache - in Form und Inhalt - die Voraussetzung bilde,
- den Anforderungen im gesellschaftlichen Leben gewachsen zu sein (R. BECKER, 1961).

Von der Bedeutung der Sprache für das Werden der Person und ihre "Mündigkeit" ist nirgendwo die Rede; - wobei das letzte Argument daran erinnert, daß um die Jahrhundertwende die Sprachheilpädagogik nur deshalb zu einer schulischen Einrichtung wurde, um "Stotterer" für den Militärdienst zu befähigen und zu diesem Zweck zunächst Sprachheilklassen und dann Sprachheilschulen errichtete.

Im Unterschied zu den anderen Behindertengruppen ist die Beeinträchtigung Sprachbehinderter jedoch eine reversible Unzulänglichkeit; weshalb sie keiner Sonderschule, jedoch besonderer pädagogischer Maßnahmen bedürfen, um ihnen zu den notwendigen Lernerfahrungen zu verhelfen; gleichgültig, ob diese in einer schulischen Einrichtung ambulant oder in einer ambulanten Einrichtung vermittelt werden. Weil sich Sprachlichkeit nur in einem Dialog realisiert, ist **jede echte Sprachtherapie immer dialogintegriert** und unterscheidet sich von schulischen Unterweisungen.

Solche Gedanken sind nicht neu. Schon Ende der 20er Jahre legte K. C. ROTHE eine philosophisch-anthropologische bzw. pädagogisch-ganzheitliche Konzeption hinsichtlich der Förderung Sprachbehinderter vor. Daß seine Intention einer „Umerziehung" nicht aufgegriffen und weiterentwickelt wurde, lag nicht zuletzt am positivistisch-überzogenen Wissenschaftsverständnis der damaligen Zeit, das grundsätzlich vom Subjekt her abgeleitete Argumente als unwissenschaftlich abqualifizierte, als seien sie deshalb schon falsch.

Es wäre an der Zeit, daß die Pädagogik sich nicht nur mit dem Erlernen und Vermitteln von Sprachen und der Darstellung des Systems der jeweiligen Muttersprache befaßt und Sprecherziehung betreibt, sondern sich auch um ein Verständnis der menschlichen Sprachlichkeit bemüht; zumal eines Menschen Sprache das primärste Bildungsgut und sein Sprachwerden wie sprachliche Unzulänglichkeiten erzieherische Aufgaben sind.

Weil unserer Interpretation jedoch ein ganz bestimmtes Menschenbild und wissenschaftstheoretische Konzeption zugrundeliegt, kann man nicht erwarten, daß alle unsere Sichtweise teilen. Nur, **jeder Mensch artikuliert sich durch Sprache** - und nicht eine Sprache -, **und sollte diesen subjektiven Tatbestand aus Gründen der Objektivität bei sich und anderen nicht unterschlagen vor allem, wenn es um Sprachbehinderte geht.**

Wie es jedoch Geister gibt, die keinen anderen Geist neben sich dulden, so vermag aus wissenschaftstheoretischen Gründen niemand so blind oder so taub zu sein wie jemand, der nicht sehen oder hören will, daß „die Sprache nicht im Menschen steckt," - wie BUBER (1979) sagt - „sondern der Mensch in der Sprache steht und aus ihr redet!" Wen wundert's, daß kaum jemand die Probleme der Sprachbehinderten kennt, wenn schon Sprachtherapeuten sie nicht kennen und die Bedeutung einer Sprachtherapie verkennen, obwohl sie zu den urpädagogischen Aufgaben zählt.

Literatur

BERGEEST, H./HAUPT, U. (Hrsg.): Sonderpädagogen helfen lernen, Pfaffenweiler 1993
BOLLNOW, O. F.: Sprache und Erziehung, 2. Aufl., Stuttgart 1969

BUBER, M.: Das dialogische Prinzip, Heidelberg 1979

HANSEN, G./STEIN, R. (Hrsg.): Sonderpädagogik konkret, Bad Heilbrunn 1994

KROPPENBERG, D.: Sprachliche Beeinträchtigung unter sonderpädagogischem Aspekt, Berlin 1983

RODENWALDT; H.: Der dialogische Ansatz zur Diagnose und Förderung sprachbeeinträchtigter Kinder, Frankfurt/M. 1990

WESTRICH, E.: Der Stotterer, Bonn - Bad Godesberg, 5. Aufl., 1984

WESTRICH, E.: Der Stammler, Bonn - Bad Godesberg, 3. Aufl., 1982

WESTRICH, E.: Erziehung zur Sprachlichkeit, in: Unsere Kinder - fit fürs Leben, Bundesvereinigung für Gesundheitserziehung e. V., 1977

WESTRICH, E.: Zur Phänomenologie der Sprechangst, in: Zeitschrift für Heilpädagogik, Heft 2, S. 40 - 47, Wien 1987

WESTRICH, E.: Zum personenzentrierten Verständnis der Redeauffälligkeiten - Das Gespräch als Therapie, in: GROHNFELDT, M. (Hrsg.): Störungen der Redefähigkeite, Handbuch der Sprachtherapie, Band 5, S. 359 - 376, Berlin 1992

WITTGENSTEIN, L.: Tractatus logico-philosophicus, Frankfurt/M. 1966

***

Prof. Dr. Edmund Westrich, Mainz

Zum beruflichen und wissenschaftlichen Werdegang von Otto Braun

1955 - 1957   Ausbildung zum Lehrer an Volksschulen am Pädagogischen Institut in Weingarten

1957   Ernennung zum Hauptlehrer an Volksschulen

1957 - 1958   Lehrer an Volksschulen in Sigmaringen, Haslach und Hummertsried

1958 - 1959   Lehrer an der Privaten Gehörlosenschule mit Heim St. Josef in Schwäbisch-Gmünd

1959 - 1961   Studium für das Lehramt an Gehörlosen-, Schwerhörigen- und Sprachheilschulen am Studienseminar für Taubstummenlehrer in Verbindung mit der Universität Heidelberg

1961   Staatliche Prüfung für das Lehramt an Gehörlosen-, Schwerhörigen- und Sprachheilschulen

1963   Ernennung zum Oberlehrer an Gehörlosenschulen

1964   Ernennung zum Oberlehrer an Schwerhörigen- und Sprachheilschulen

1964 - 1973   Lehrer an der Sprachheil- und Schwerhörigenschule Stuttgart

1966   Ernennung zum Fachschulrat

1969   Ernennung zum Fachschuldirektor

1964 - 1973   Lehrer an der Sprachheil- und Schwerhörigenschule Stuttgart

1965 - 1973	Studium der Psychologie an der Universität Tübingen
1973	Abschluß des Studiums der Psychologie mit dem Diplom an der Universität Tübingen
1968 - 1970	Lehraufträge an der Pädagogischen Hochschule Ludwigsburg
1970	Lehrtätigkeit am Institut für Sonderpädagogik Reutlingen
1970 - 1973	Wiss. Assistent am Institut für Sonderpädagogik Reutlingen in der Fachrichtung Sprachbehindertenpädagogik
1973 - 1974	Dozent für Sprachbehindertenpädagogik am Fachbereich Sonderpädagogik der Pädagogischen Hochschule Reutlingen
1974 - 1975	Professor für Sprachbehindertenpädagogik am Fachbereich Sonderpädagogik der Pädagogischen Hochschule Reutlingen
1975	Berufung zum ordentlichen Professor
1980 - 1982	Professor für Sonderpädagogik unter besonderer Berücksichtigung der Sprachbehindertenpädagogik am Institut für Sonder- und Heilpädagogik im Fachbereich Erziehungs- und Unterrichtswissenschaften an der Freien Universität Berlin
1982 - 1984	Professor für Pädagogik und Didaktik der Sprachbehinderten am Fachbereich Sonderpädagogik der Pädagogischen Hochschule Reutlingen
1985 - 1994	Professor für Sonder- und Heilpädagogik mit dem Schwerpunkt Sprachbehindertenpädagogik im Fachbereich Erziehungs- und Unterrichtswissenschaften an der Freien Universität Berlin
seit 1989	Lehrbeauftragter an der staatlich anerkannten Lehranstalt für Logopäden an der Poliklinik für Stimm- und Sprachkranke der Freien Universität Berlin

seit 1992   Lehraufträge und Teilvertretungsprofessuren für Sprachbehindertenpädagogik am Institut für Rehabilitationspädagogik der Martin-Luther-Universität Halle-Wittenberg

seit 1994   Professor für Sprachbehindertenpädagogik in der Philosophischen Fakultät IV der Humboldt-Universität zu Berlin

Bibliographie

BRAUN, O.: Erziehung und Bildung des vorschulpflichtigen schwerhörigen Kindes. In: Schwerhörige und Spätertaubte - Zeitschrift des Deutschen Schwerhörigenbundes, 18 (1966), S. 226 - 230

BRAUN, O.: Schwerhörige Kinder im Sonderschulkindergarten. In: Kultusministerium Baden-Württemberg (Hrsg.): Amtliche Fortbildungstagung für Lehrer an Gehörlosen-, Schwerhörigen- und Sprachbehindertenschulen des Landes Baden-Württemberg vom 6. - 8. April 1970 in Heilbronn, S. 50 - 51

BRAUN, O.: Probleme der verzögerten Sprachentwicklung. In: BIRKEL, A./ KATEIN, W. (Hrsg.): Die Sonderschulpraxis. Villingen 1972, S. 27 - 35

BRAUN, O.: Strukturierung der diagnostisch-therapeutischen Praxis in Beratungsstellen für Sprachbehinderte. In: BIRKEL, A. / KATEIN, W. (Hrsg.): Die Sonderschulpraxis, Villingen 1972, S. 41 - 55

BRAUN, O.: Probleme und Möglichkeiten der Lernmotivierung sprachbehinderter Kinder in Unterricht und Therapie in Schulen für Sprachbehinderte. In: Die Sprachheilarbeit 19 (1974) 2, S. 47 - 62

BRAUN, O.: Psychologische Beiträge zur Theorie und Praxis der Sprachbehindertenpädagogik. In: Heese, G./ Reinartz, A. (Hrsg.): Sonderpädagogik (1974) 4, S. 155 - 161

BRAUN, O.: Verhaltenstherapeutische Gesichtspunkte im Unterricht der Sprachbehindertenschule. In: Die Sprachheilarbeit (1975) 2, S. 51 - 62

BRAUN, O.: Kommunikationspsychologische Aspekte der Sprachrehabilitation bei sprachgestörten Kindern und Jugendlichen. In: LOTZMANN. G.: Sprachrehabilitation durch Kommunikation. München, Basel 1975, S. 64 - 73

BRAUN, O.: Aufgaben und Möglichkeiten der Schule für Sprachbehinderte. In: Förderkreis der Sprachheil- und Schwerhörigenschule Stuttgart e. V. (Hrsg.): 50 Jahre Unterricht für Sprachbehinderte in Stuttgart 1928 - 1978, S. 10 - 12

BRAUN, O.: Dimensionen sprachheilpädagogischer Interventionen bei sprachgestörten Kindern der Schule für Lernbehinderte. In: Zeitschrift für Heilpädagogik 29 (1978) 2, S. 78 - 89

BRAUN, O.: Systematik der Spachstörungen als Grundlage sonderpädagogischer Diagnostik und Intervention. In. Sonderpädagogik 8 (1978) 3, S. 118 - 126

BRAUN, O.: Psycholinguistische Lernstörungen bei sprachbehinderten Kindern. Die Sprachheilarbeit 23 (1978) 5, S. 157 - 170

BRAUN, O.: Körperliche, psychische und geistige Belastbarkeit sprachgestörter Kinder. In: KLUGE, K.-J.: (Hrsg.): Körperliche, seelische und heilpädagogische Belastbarkeit - Schriftenreihe der Bundesarbeitsgemeinschaft „Hilfe für das behinderte Kind", Band 19, Bad Godesberg 1979, S. 211 - 249

BRAUN, O.: Körperliche, psychische und geistige Belastbarkeit sprachgestörter Kinder. In: das behinderte Kind 16 (1979) 2, S. 26 - 28

BRAUN, O.: Die Kommunikation Sprachbehinderter in der Gruppe. In: Aschenbrenner, H. (Hrsg.): Sprachbehinderungen und Gruppenaktivitäten, Kongreßbericht. 3. Kongreß der Österreichischen Gesellschaft für Sprachheilpädagogik in Wien, 3. - 6. Oktober 1979, Wien, München, S. 23 - 34

BRAUN, O./ HOMBURG, G./ TEUMER, J.: Grundlagen pädagogischen Handelns bei Sprachbehinderten. In: Die Sprachheilarbeit 25 (1980), S. 1 - 17

BRAUN, O.: Das Verhältnis von Theorie und Praxis in der Sprachbehindertenpädagogik, dargestellt am sprachtherapeutischen Unterricht der Schule für Sprachbehinderte. In: Die Sprachheilarbeit 25 (1980) 4, S. 135 - 142

BRAUN, O.: Die Behandlung des Stotterns. In: KNURA, G./ NEUMANN, B. (Hrsg.): Pädagogik der Sprachbehinderten. Handbuch der Sonderpädagogik. Band 7. Berlin 1980, S. 250 - 268

BRAUN, O.: Veränderung des Lern-, Leistungs- und Sozialverhaltens Sprachbehinderter. In: KNURA, G./ NEUMANN, B. (Hrsg.): Pädagogik der Sprachbehinderten. Handbuch der Sonderpädagogik. Band 7. Berlin 1980, S. 338 - 351

BRAUN, O.: Probleme der Psychologie der Sprachbehinderten aus allgemein-, differentiell-, sozial- und entwicklungspsychologischer Sicht. In: KNURA, G./ NEUMANN, B. (Hrsg.): Pädagogik der Sprachbehinderten. Handbuch der Sonderpädagogik. Band 7. Berlin 1980, S. 537 - 552

BRAUN, O.: Psychologie des Unterrichtens und Erziehens in der Sprachbehindertenschule. In: KNURA, G./ NEUMANN, B. (Hrsg.): Pädagogik der Sprachbehinderten. Handbuch der Sonderpädagogik. Band 7. Berlin 1980, S.566 - 570

BRAUN, O.: Therapeutische Intervention in der Schule für Sprachbehinderte. In: GROHN-FELDT, M./ SCHOOR, U. (Hrsg.): Sonderpädagogisches Handeln in der Sprachbehindertenpädagogik. Festschrift für Professor Dr. Werner Orthmann, Berlin 1981, S. 99 - 112

BRAUN, O./ HOMBURG, G./ TEUMER, J.: Früherfassung und Früherziehung sprachbehinderter oder von Sprachbehinderung bedrohter Kinder. In: Die Sprachheilarbeit 27 (1982) 3, S. 111 - 120

BRAUN, O./ HOMBURG, G./ TEUMER, J. (Hrsg.): Sprachheilpädagogische Berufe, Bonn 1983

BRAUN, O.: Konzepte und Organisationsformen zur Rehabilitation Sprachbehinderter - Einführung in das Tagungsthema aus pädagogisch-therapeutischer Sicht. In: Deutsche Gesellschaft für Sprachheilpädagogik e. V. (Hrsg.): Konzepte und Organisationsformen zur Rehabilitation Sprachbehinderter. 15. Arbeits- und Fortbildungsveranstaltung vom 29. September bis 2. Oktober 1982 in Berlin, Hamburg 1983, S. 15 - 25

BRAUN, O.: Sprachtherapeutischer Unterricht in Theorie und Praxis - Bestandsaufnahme und Diskussion -. In: Deutsche Gesellschaft für Sprachheilpädagogik e. V. (Hrsg.): Konzepte und Organisationsformen zur Rehabilitation Sprachbehinderter. 15. Arbeits- und Fortbildungsveranstaltung vom 29. September bis 2. Oktober 1982 in Berlin, Hamburg 1983, S. 167 - 178

BRAUN, O.: Semantische Störungen der Sprache aus sprachdidaktischer und -therapeutischer Sicht. In: Vierteljahresschrift für Heilpädagogik und ihre Nachbargebiete (VHN) 54 (1985) 2, S. 160 - 169

BRAUN, O.: Integrative Sprachtherapie bei Kindern mit Sprech- und Sprachhemmungen im Rahmen der Schule. In: Die Sprachheilarbeit 30 (1985) 1, S. 1 - 8

BRAUN, O.: Sprech- und Sprachhemmungen. Ein interdisziplinäres Problem- und Arbeitsfeld. In: ALLHOFF, D.-W. (Hrsg.): Sprechen lehren, reden lernen. München 1987, S. 27 - 36

BRAUN, O.: Psychologische Aspekte der Sprachtherapie. In: GROHNFELDT, M. (Hrsg.): Grundlagen der Sprachtherapie. Handbuch der Sprachtherapie. Bd. 1, Berlin 1989, S. 32 - 50

BRAUN, O.: Anmerkungen zur interdisziplinären Kooperation zwischen Phoniatrie und Sprachheilpädagogik anläßlich der Verabschiedung von Prof. Dr. med. Odo von Arentsschild. In: Die Sprachheilarbeit 35 (1990) 4, S. 203 - 209

BRAUN, O.: Therapeutische Sprachförderung bei stotternden Kindern im Rahmen der Schule - Vortrag auf der Tagung der Ständigen Dozentenkonferenz für Sprachbehindertenpädagogik vom 7. - 10. März 1990 in der Humboldt-Universität zu Berlin. In: Die Sprachheilarbeit 35 (1990) 6, S. 285 - 292

BRAUN, O.: Allgemeiner Überblick über verschiedene Interventionsansätze zur Sprachförderung und Sprachtherapie im Bereich der Semantik. In: GROHNFELDT, M. (Hrsg.): Störungen der Semantik. Handbuch der Sprachtherapie. Band 3, Berlin 1991, S. 87 - 109

BRAUN, O./ HOMBURG, G./ TEUMER, J. (Hrsg.).: Sprachtherapeutische Berufe, Dortmund 1991

BRAUN, O.: Integration sprachbehinderter Kinder. Vortrag beim 29. Reutlinger und 22. Sonderpädagogischen Tag vom 26. - 28. April 1991 „40 Jahre Studium der Sonderpädagogik". In: Die Sprachheilarbeit 36 (1991) 5, S. 209 - 218

BRAUN, O.: Sonderpädagogische Förderung Sprachbehinderter in allgemeinen und speziellen Schulen. In: STOELLGER, N. (Hrsg.): Vielfalt und Differenzierung - Spezialisierung und Integration. 2. Sonderpädagogisches Forum Berlin - Fachtagung am 28. Februar und 1. März 1991. Berlin 1991, S. 181 - 194

BRAUN, O.: Sprachheilpädagogische Praxiskonzepte zwischen Anspruch und Wirklichkeit. In: Sonderpädagogik in Berlin - Informationen des Landesverbandes - (1991) 4, S. 14 - 21

BRAUN, O.: Stottern im Schulalter. In: Grohnfeldt, M. (Hrsg.): Störungen der Redefähigkeit. Handbuch der Sprachtherapie. Band 5, Berlin 1992, S. 135 - 163

BRAUN, O.: Einführungsreferat: Zur Situation der Sprachheilpädagogik. In: Deutsche Gesellschaft für Sprachheilpädagogik e. V. - Landesgruppe Bayern (Hrsg.): Sprache - Verhalten - Lernen. XX. Arbeits- und Fortbildungstagung der Deutschen Gesellschaft für Sprachheilpädagogik vom 15. - 17. Oktober in Würzburg, Rimpar 1993, S. 21 - 31

BRAUN, O.: Veränderungen der sprachheilpädagogischen Theorie und Praxis im Rahmen ganzheitlicher sonderpädagogischer Förderung. In: Deutsche Gesellschaft für Sprachheilpädagogik e. V. - Landesgruppe Bayern (Hrsg.): Sprache - Verhalten - Lernen. XX. Arbeits- und Fortbildungstagung der Deutschen Gesellschaft für Sprachheilpädagogik vom 15. - 17. Oktober in Würzburg, Rimpar 1993, S.111 - 128

BRAUN, O.: Zur Schwerhörigen- und Sprachheilpädagogik in Berlin - Zur Einführung. In: Sonderpädagogik in Berlin - Informationen des Landesverbandes (vds) - (1993) 4, S. 5 - 8

BRAUN, O.: Aktuelle Grundfragen der sonderpädagogischen Förderung von Kindern und Jugendlichen mit Sprach-, Sprech und Stimmstörungen, In: Sonderpädagogik in Berlin - Informationen des Landesverbandes (vds) - (1993) 4, S. 79 - 87

BRAUN, O.: Sprachliche Rehabilitation bei Kindern nach der Hörgeräteversorgung. In: GROSS, M. (Hrsg.): Hörgeräteversorgung bei Kindern, Berlin 1993

BRAUN, O.: Aktuelle Konzeptansätze des sprachheilpädagogischen Handelns und Denkens. In: BERGEEST, H. u. a. (Hrsg.): Rehabilitationspädagogik in Sachsen-Anhalt. Martin-Luther-Universität Halle-Wittenberg 1994, S. 75 - 80